本书得到江苏高校"青蓝工程"项目、江苏经贸职业技术学院 项目、江苏经贸职业技术学院"领军人才培养计划"项目、学院科研创新团队项目资助

经管文库·管理类

前沿·学术·经典

多因素影响下的药品
双渠道供应链协调决策研究

RESEARCH ON COORDINATION
DECISION-MAKING OF PHARMACEUTICAL
DUAL-CHANNEL SUPPLY CHAIN UNDER
MULTI-FACTORS

黄莉娟 著

经济管理出版社
ECONOMY & MANAGEMENT PUBLISHING HOUSE

图书在版编目（CIP）数据

多因素影响下的药品双渠道供应链协调决策研究/黄莉娟著 . —北京：经济管理出版社，2023. 10

ISBN 978-7-5096-9373-5

Ⅰ . ①多…　Ⅱ . ①黄…　Ⅲ . ①医药产品—供应链管理—研究—中国　Ⅳ . ①F724. 73

中国国家版本馆 CIP 数据核字（2023）第 204838 号

组稿编辑：王　洋
责任编辑：王　洋
责任印制：黄章平
责任校对：王淑卿

出版发行：经济管理出版社
　　　　　（北京市海淀区北蜂窝 8 号中雅大厦 A 座 11 层　100038）
网　　　址：www. E-mp. com. cn
电　　　话：（010）51915602
印　　　刷：唐山玺诚印务有限公司
经　　　销：新华书店
开　　　本：720mm×1000mm/16
印　　　张：12
字　　　数：213 千字
版　　　次：2023 年 11 月第 1 版　　2023 年 11 月第 1 次印刷
书　　　号：ISBN 978-7-5096-9373-5
定　　　价：98. 00 元

前　言

　　药品作为一种特殊商品，不仅关系人民群众生命健康、生活质量，还事关国家战略安全。药品供应链历经原料采购、生产、流通、销售等诸多环节。由于药品的品规繁多，不同药品的生产、流通、仓储、销售等要求各不相同，再加上药品供应链的参与主体众多，除原料商、生产商（含新特药研发部门）、分销商、零售商、第三方物流服务商、医院等医疗医药服务提供部门外，还包括政府、医保机构、药品集中采购组织（GPO）等，药品的特性要求以及供应链上不同相关主体之间的相互作用和影响，增加了药品供应链的复杂性。随着互联网的快速发展和"互联网+医药"配套政策的相继落地，在国家深入推进"互联网+"行动计划的大背景下，"互联网+医药"正慢慢主导着行业的进程。医药生产企业、医药流通企业纷纷选择网络平台直接销售药品来缩短药品供应链，重塑传统渠道结构，利用大数据、云计算、区块链等技术打造线上、线下相结合的销售服务平台模式。但目前的理论成果远远不能够解决药品双渠道销售模式下不断涌现的现实问题，特别是药品供应链运作受药品特性和国家政策影响较大，其他普通商品双渠道供应链的研究结论对药品双渠道供应链而言不一定适用。对此，本书以药品双渠道供应链为研究对象，以实现供应链协调、提高供应链运作效率、提升消费者福利为目标，综合运用 Stackelberg 博弈理论、最优化理论、供应链契约理论、数值分析等理论与方法，研究了当前药品供应链管理领域面临的双渠道供应链的协调决策问题。具体的研究内容和主要结论如下：

　　首先，基于深度访谈和对消费者药品选购行为的问卷调研等方式，从药品生产商、药品销售商、医院、医保机构、消费者等多个视角探讨了他们对药品供应链的认识、对线上线下双渠道销售模式的看法以及对药品供应链影响因素的认知。在此基础上，总结出药品质量、医保政策、线上销售努力、线下促销行为、研发创新以及第三方平台扣费率 6 个因素对药品双渠道供应链的影响，探讨了在此影响下药品双渠道供应链的协调决策问题。

其次，以医药生产商为主导的药品双渠道供应链为研究对象，综合考虑医药产品质量和医药零售商促销行为对供应链的影响，分别建立合作决策模型和分散决策模型。通过比较，发现合作决策下医药生产商的最优医药产品质量努力水平和医药零售商的最优促销努力水平均高于分散决策下的最优值，合作决策下供应链系统整体利润始终要高于分散决策下供应链整体利润。为实现供应链的协调，本书设计了"收益共享+数量折扣"的组合契约协调机制。经验证发现，在参数收益共享因子和数量折扣因子满足一定的约束条件并具备正相关关系时，是可以有效协调药品双渠道供应链的，不仅提高了供应链系统整体利润，同时提高了供应链各成员利润及其他绩效指标值。

再次，以由医药批发商和医疗机构/零售药店组成的，医药批发商为主导的双渠道药品供应链为研究对象，考虑医药批发商的线上销售努力和医保线下支付政策对药品需求和供应链的影响，在面对需求不确定条件下，分别构建独立决策模型和集中决策模型。通过数值仿真发现，医保报销比例不仅会影响消费者的渠道选择，也会影响医药批发商的销售努力程度；集中决策下的药品订货量以及药品供应链整体利润均高于独立决策下，但两种决策下的差距会随着医保报销比例的不断提升而逐渐变小。也就是说，当医保报销比例较低时，医药批发商和医疗机构/零售药店相互合作的意愿会更加强烈。为了实现供应链的协调，本书相继设计了"回购+收益分享"和"回购+收益分享+销售努力成本分担"的组合契约协调机制。经验证，两种组合契约协调下的供应链整体利润均高于独立决策下，但只有"回购+收益分享+销售努力成本分担"的组合契约协调决策能使供应链整体利润达到集中决策下的最佳值。

最后，考虑制药企业的研发创新能力和第三方平台扣费率对需求和供应链的影响，本书研究了由药品生产商、药品零售商和线上第三方平台组成的药品双渠道供应链协调策略。基于消费者效用理论，分别建立离散决策、协同决策、组合契约协调决策三种模型，对比、分析不同决策下研发创新和平台扣费率对药品双渠道供应链成员利润、供应链整体利润及消费者福利的影响。通过算例和参数的灵敏度分析发现，协同决策下的最优研发创新能力、供应链整体利润、消费者剩余均远远超过离散决策下的最优值。于是，本书设计了"政府补贴+批发价格+收益分享"的组合契约协调机制来协调供应链，并通过算例分析验证了这种契约协调的有效性和可执行性。

本书的研究不仅丰富了药品供应链管理领域相关基础理论，拓展了其应用范围，同时也为药品的生产、研发、双渠道供应链协调等决策问题提供了一定的参考。

目　录

第一章 绪 论

一、研究背景及意义

（一）研究背景

据 2021 年第七次人口普查结果显示，我国人口老龄化和城镇化趋势明显，"60 岁及以上和 65 岁及以上的人口占人口总数比例分别为 18.7% 和 13.5%，城镇化率已达到 63.89%，比乡村常住人口占比的 36.11% 高近 27 个百分点"（马亮，2021）[1]。另据中新网报道，预计 2035 年前后，我国将进入人口重度老龄化阶段，60 岁以上人口占比超过 30%。此外，在我国生态环境保护压力增大，二孩、三孩政策全面放开，居民收入稳步增长、疾病负担能力逐步增强的新形势下，伴随着"健康中国"战略的推进，人民群众对医疗卫生服务和自我保健的需求将大幅增长。未来，药品、保健品和健康服务的市场规模将持续稳步上升。

药品，作为一种用于预防、治疗、诊断人的疾病，有目的地调节人的生理机能并规定有适应证或者功能主治、用法和用量的物质，其质量安全将直接影响到人民的生命健康和国家的战略安排。2019 年 6 月，基于近年来我国疫苗事件多有发生的情况，根据国务院的提议，全国人大常委会审议制定了《中华人民共和国疫苗管理法》，于 2019 年 12 月 1 日正式施行。《中华人民共和国疫苗管理法》总则中明确提到有关疫苗的研制、创新和质量问题，明确规定了"国家支持疫苗基础研究和应用研究，促进疫苗研制和创新，将预防、控制重大疾病的疫苗研制、生产和储备纳入国家战略"；"国家制定疫苗行业发展规划和产业政策，支持疫苗产业发展和结构优化，鼓励疫苗生产规模化、集约化，不断提升疫苗生产工艺和质量水平"（第四条）。在接下来具体章节中的第十五条明确提出国家鼓励疫苗上市许可持有人加大研制和创新资金投入；在第二十四条、第二十五条、第二十九条、第三十条、第三十七条、第七十条、第七十二条、第七十三条等明确了疫苗在生产、运输、存储、使用及监管等方面的质量要求。2019 年 8 月 26 日，全国人大常委会对《中华人民共和国药品管理法》进行了第二次修订，不仅把"保障药品的安全、有效、可及"作为法律的重要原则之一（第三条），同时总则中还明确提出："国家鼓励研究和创制新药，保护公民、法人和其他组织研究、开发新药的合法权益。"（第五条）由此可见，国家把对药品的研制、创新和质量安全等问题上升到了法律的高度。

药品，从生产到最终被患者使用，在传统的医药供应链运作模式中，需要历经药品原材料供应商、药品生产企业、各级药品批发企业、药品物流企业、药品零售企业/医院等多个供应链节点主体。由于中间环节过多，链条太长，导致药价虚高，消费者不得不承担从上游累加起来的高昂的流通成本。随着"两票制"的大规模推广，医药供应链环节大幅减少。减少了中间环节，使得医药供应链的两端都受益，一方面，制药企业收入提高，资金迅速聚集，将有更多的资金投入到新药的研发上；另一方面，消费者可以享受到更低价的药品，提升消费者福利。随着互联网的快速发展，在国家深入推进"互联网+"行动计划的大背景下，"互联网+医药"正慢慢主导着行业的进程。在新技术、新动能的驱动下，"互联网+药品流通"将重塑药品流通的新格局。医药生产企业、医药流通企业借助互联网的优势转型，根据企业自身的实际情况，选择适合自身的运营模式，包含像 O2O 模式（线上到线下），第三方交易平台模式，B2B 模式（企业—企业），B2C 模式（企业—用户），FBBC 模式（工厂—企业—用户），F2C 模式（工厂—用户）等。通过"互联网+"的思维与手段，医药供应链将上下游联为一体以提升效率，向公众提供安全方便、价格合理的药品。与此同时，"互联网+医疗"也广泛兴起。"互联网+医疗"有其本身带来的巨大优势，包括像随时随地咨询医生，节约排队等候时间，线上缴费节约时间，药剂师送药上门，充分利用医疗资源，智能硬件实时监控，高效管理疾病等多方面。据相关数据统计，截至2021年12月，我国网民规模已经达10.32亿人，在线医疗用户规模达2.98亿人，新冠疫情防控期间，线上药品销售的市场规模与日俱增，2021年突破2000亿元大关，达到2230亿元[2]。到目前为止，药品线上销售的规模增长仍在继续。国家推行的与"互联网+医药"配套的相关政策也相继落地，如表1-1所示。

表1-1 "互联网+医药"配套相关政策梳理

发布时间	发布机构	政策名称	主要内容
2018年 4月25日	国务院办公厅	关于促进"互联网+医疗健康"发展的意见	适应"互联网+医疗健康"发展，进一步完善医保支付政策，逐步将符合条件的互联网诊疗服务纳入医保支付范围，健全互联网诊疗收费政策
2018年 7月17日	国家卫健委、国家中医药管理局	关于印发互联网诊疗管理办法（试行）等3个文件的通知	对互联网诊疗、互联网医院、远程医疗服务的准入和监管提出具体指导意见
2019年 5月23日	国务院办公厅	关于印发深化医药卫生体制改革2019年重点工作任务的通知	制定互联网诊疗收费和医保支付的政策文件
2019年 8月17日	国家医保局	关于完善"互联网+"医疗服务价格和医保支付政策的指导意见	首次将"互联网+"医疗服务纳入现行医疗服务价格的政策体系统一管理，对符合条件的"互联网+"医疗服务，按照线上线下公平的原则配套医保支付政策
2019年 8月26日	全国人大常委会	中华人民共和国药品管理法（2019年修订）	国家实行特殊管理的药品不得在网络上销售，处方药未被列入"不得在网络上销售"的药物中
2020年 2月28日	国家医保局、国家卫健委	关于推进新冠肺炎疫情防控期间开展"互联网+"医保服务的指导意见	对符合要求的互联网医疗机构为参保人员提供的常见病、慢性病线上复诊服务，各地可依规纳入医保基金支付范围。参保人员凭定点医疗机构在线开具的处方，可以在本医疗机构或定点零售药店配药
2020年 5月21日	国家卫健委办公厅	关于进一步完善预约诊疗制度加强智慧医院建设的通知	医院打通线上线下服务，在线开展部分常见病、慢性病复诊，积极联合社会力量开展药品配送等服务
2020年 7月21日	国务院办公厅	关于进一步优化营商环境更好服务市场主体的实施意见	在保证医疗安全和质量前提下，进一步放宽互联网诊疗范围，将符合条件的互联网医疗服务纳入医保报销范围，制定公布全国统一的互联网医疗审批标准
2020年 9月16日	国务院办公厅	关于以新业态新模式引领新型消费加快发展的意见	积极发展互联网医疗服务，大力推进分时段预约诊疗、互联网诊疗、电子处方流转、药品网络销售等服务

续表

发布时间	发布机构	政策名称	主要内容
2020年10月24日	国家医保局	关于积极推进"互联网+"医疗服务医保支付的指导意见	完善"互联网+"医疗服务医保支付政策，根据地方医保政策和提供"互联网+"医疗服务的定点医疗机构的服务内容确定支付范围，落实"互联网+"医疗服务的价格和支付政策，支持"互联网+"医疗复诊处方流转
2020年11月12日	国家药监局综合司	药品网络销售监督管理办法（征求意见稿）	药品零售企业通过网络销售处方药的，应当确保电子处方来源真实、可靠，并按照有关要求进行处方调剂审核，对已使用的处方进行电子标记
2021年9月23日	国务院办公厅	关于印发"十四五"全民医疗保障规划的通知	支持远程医疗服务、互联网诊疗服务、互联网药品配送、上门护理服务等医疗卫生服务新模式新业态有序发展，促进人工智能等新技术的合理运用
2022年3月3日	国务院办公厅	关于印发"十四五"中医药发展规划的通知	持续推进"互联网+医疗健康"，"五个一"服务行动，构建覆盖诊前、诊中、诊后的线上线下一体化中医医疗服务模式
2022年5月9日	国家药监局	中华人民共和国药品管理法实施条例（修订草案征求意见稿）	药品网络交易第三方平台提供者应当向所在地省、自治区、直辖市人民政府药品监督管理部门备案，未经备案不得提供药品网络销售相关业务
2022年8月3日	国家市监局	药品网络销售监督管理办法（以下简称《办法》）	对药品网络销售基本要求、行为管理、第三方平台管理和监督检查作出全面规定，对推动药品网络销售新业态规范、有序、高质量发展发挥作用

注：中华人民共和国国务院办公厅简称"国务院办公厅"或"国办"，中华人民共和国国家卫生健康委员会简称"国家卫健委"，中华人民共和国全国人民代表大会常务委员会简称"全国人大常委会"，中华人民共和国国家食品药品监督管理总局简称"国家药监局"，国家市场监督管理总局简称"国家市监局"。

资料来源：根据医药相关部门颁布的政策资料整理。

目前，互联网及大数据与医药行业的深度融合将成为医药电商的发展关键。随着互联网医药逐步规范发展，网上购药需求也将进一步加大。在市场及政策的双驱动下，医药生产企业、医药流通企业纷纷选择网络平台直接销售药品来缩短药品供应链重塑传统渠道结构。在现有的这种双渠道销售模式下，药品生产企业和药品流通企业就由原来的合作关系转变为现在的合作兼竞争关系。一方面，鉴于线上购药的便利性和价格的竞争性，很多消费者开始转向线上购买。国务院办公厅于2021年4月15日发布《关于服务"六稳""六保"进一步做好"放管服"改革有关工作的意见》，其中明确提出："在确保电子处方来源真实可靠的前提下，允许网络销售除国家实行特殊管理的药品以外的处方药。"随着这一政策的发布，这将极大地为医药行业发展网络渠道带来新的契机。另一方面，药品的销售与其他普通商品的销售大为不同，很大程度上受国家政策的影响，特别是医保支付政策。目前在我国，医保支付尚未在线上普及，只是在个别几个城市作为试点运行，这又决定了消费者对线下传统渠道购药具有一定的黏性。再加上，药品的定价不是完全由市场决定的，而是受到政府的价格监管，因为这是关系到国计民生的问题。同时，药品由于其质量和安全的高要求，药品的储存、配送都与普通商品不一样。药品的物流配送专业性极强，与其他物流配送显著的区别在于它是先医药后物流，要求从业人员具备药品专业知识，在质量保证前提下再考虑供应链的优化与成本控制。所有的这些就决定了药品的双渠道销售和其他一般商品的双渠道销售很不一样，受到药品特性和国家政策影响比较大。在药品的双渠道销售模式下，除考虑其他一般商品双渠道销售需要考虑的因素，如销售努力、渠道偏好、促销行为、平台费率等对供应链的影响外，还需考虑药品质量、研发创新、医保政策等因素对供应链的影响。

本书就是在这样的背景下，在互联网、信息技术飞速发展和不断涌现医药新政的大环境下，充分考虑不同运作模式和不同影响因素，研究药品双渠道供应链上各利益主体的有关决策问题。固然，供应链上下游之间是为长期的共同利益走到了一起，但作为独立的行为主体，追求自身利益最大化是其经营的根本目标，各项决策行为均是围绕这一目标而开展的，如果没有有效的协调机制去平衡彼此间的利益，将会出现各自为伍、信息扭曲、双重边际效应显著等现象。因此，本书认为研究药品双渠道供应链的协调决策问题是当前迫切需要解决的现实问题，具有重大的理论意义和实践意义。

（二）研究意义

1. 理论意义

本书整合了博弈理论、供应链契约理论、最优化理论及供应链协调等相关理论思想，以博弈论作为主要分析工具，以最优化理论作为指导原则，以供应链契约理论作为解决策略，以供应链协调作为主要目标，研究多因素影响下的药品双渠道供应链协调策略问题。本书的研究成果进一步丰富和完善了医药供应链管理相关研究的理论方法体系，为医药生产企业、医药流通企业发展线上渠道提供一定的参考，为药品双渠道供应链的协调优化提供一定的指导，为医药企业间的沟通、交流、合作提供思路，同时，为改革下的药品双渠道供应链的发展提供借鉴。

2. 实践意义

双渠道销售模式下，当两个渠道覆盖共同的客户资源时，势必引发诸多问题及矛盾。假货、侵权、不正当竞争、串货、乱价等严重影响品牌利益和市场稳定的因素都可能产生。尤其是网络渠道经常会进行恶性的价格竞争，有可能出现虽然药品品牌知名度很高，但网络市场拓展状况非常不理想的局面。因此，研究双渠道销售模式下的药品供应链协调机制有利于打通供应链上下游之间、供应链线上线下间的沟通途径并建立良好的合作机制，从而提升整条供应链的效率和稳定性，在保障供应链成员利润增长的同时，提高药品质量，降低药品价格，提高广大居民对医药的可及性，保障广大居民的生命健康，全面提升整体社会福利。

二、文献综述

本书主要从双渠道销售模式研究、药品供应链影响因素研究、药品供应链协调策略研究三个方面进行文献综述，以突出本书的研究内容和主要创新点。

（一）双渠道销售模式研究

1. 双渠道界定

互联网和信息技术的飞速发展带来在线销售额的增长，促使许多生产商、供应商、零售商纷纷采用在线渠道（Batarti et al.，2017；Ailawadi，2020；Rofin and Mahanty，2022）[3~5]。一方面，许多制造商越来越多地采用混合分销渠道：在传统零售渠道之外增加一个新的分销渠道（Huang et al.，2021）[6]。代表性的文献主要有：Cao（2014）[7]、Xu 等（2014）[8]、Saha 等（2016）[9]、Giri 等（2017）[10]、Saha 等（2018）[11]、曾德溪和费威（2020）[12]、Lei 等（2020）[13]，他们研究了供应商或制造商开辟线上渠道，同时作为供应链的领导者，零售商作为追随者的双渠道销售模式。在医药供应链领域，侯文华和杨丹丹（2019）[14]、陈晓春等（2019）[15]、王道平等（2021）[16] 等研究的双渠道医药供应链中，医药制造商开通线上线下双渠道销售模式且作为供应链主导者，医药零售商作为跟随者。另有荣俊美和朱立龙（2019）[17] 研究了由药品生产企业、公立医院和社会药房、患者组成的双渠道药品供应链模型。其中，药品生产企业作为主导者，一边通过公立医院向患者销售药品，另一边通过社会药房销售药品。在制造商或供应商开通线上线下双渠道销售模式中，也有部分学者以零售商作为主导者，制造商或供应商作为跟随者。例如，Mehrabani 和 Seifi（2021）[18] 研究了制造商通过实体零售商和在线渠道销售产品的双渠道供应链，实体零售商作为领导者占主导地位，制造商作为追随者。Yan 等（2016）[19] 则研究了由两个制造商和一个零售商组成的供应链系统，制造商同时通过线上渠道和零售渠道销售产品，其中，零售商是 Stackelberg 博弈的领导者。另一方面，部分学者探讨了零售商采用线上线下的双渠道销售模式。Rofin 和 Mahanty（2022）[20] 研究了零售商——电子零售商双渠道销售模式。Yang 和 Xu（2016）[21] 通过 Stackelberg 博弈模型研究了制造商和网络零售商在追求利润最大化的情况下，如何对新产品和库存的价格和服务进行决策。在医药供应链领域，关月月和黄哲（2021）[22] 以药品零售商为垄断企业，且为具有开通网上药店资质的连锁药店，药品零售商通过线上网上药店和线下实体药店两种渠道向消费者销售某种药品，探讨考虑医保支付政策影响下的药品双渠道零售策略等问题。Wang 等（2018）[23] 比较了制造商的双渠道模型和零售商的双渠道模型，应用 Stackelberg 对策获得两个模型的最优平衡解，得出结论，尽管制造商总是可以通过自己的双渠道获得比零售商的双渠道更多的利润，但零售商双渠道模型比制造商双渠道模型更能捕捉在线市场。

那么，线上线下双渠道销售模式能否给供应链系统带来更多效益？给消费者带来更多福利？Batarfi 等（2016）[24]、Batarti 等（2017）[25] 等通过对单渠道策略和双渠道策略进行比较分析，认为采用双渠道策略对供应链系统更加有利。Yang 和 Tang（2019）[26] 对生鲜产品供应链的传统零售模式、双渠道模式和 O2O（Online-to-Offline）三种销售模式进行了比较。研究表明，在分散决策下，对于供应商而言，双渠道模式优于 O2O 模式；而对于零售商而言，O2O 模式优于零售模式和双渠道模式。在协调决策下，O2O 模式带来的供应链利润最高。对于消费者剩余而言，双渠道模式并不总是优于零售模式，但总是不如 O2O 模式。而 Saha 等（2018）[27] 通过研究表明，在三级供应链中，与单一零售渠道相比，引入双渠道对渠道成员并不总是有利可图。Xu 等（2021）[28] 经过研究得出结论，消费者并不关心谁是渠道领导者，而是关心谁建立了在线渠道，无论谁是渠道领导者，双渠道结构在零售商建立在线渠道时都损害了消费者的利益。

由此可知，学者们对于双渠道的研究主要集中在制造商或供应商的线上线下双渠道以及零售商的线上线下双渠道，其中制造商作为博弈的主导者居多。也有学者认为药品生产企业一边通过公立医院向患者销售药品，另一边通过社会药房销售药品，也称为药品的双渠道销售模式。至于双渠道销售模式是否一定优于单渠道销售模式，学者们经过研究得出了不同的研究结论。但目前对于医药供应链的双渠道销售模式研究则颇少。

2. 确定性需求、随机需求、需求中断下的双渠道供应链决策

在对双渠道供应链的研究中，很多学者假设线上线下需求是确定的，在此基础上进行了一系列探索。部分学者研究了确定需求下双渠道供应链的定价决策。Li 等（2012）[29] 建立了集中定价模型和制造商为领导者或零售商为领导者的分散定价模型。Li 等（2017）[30] 对零售商主导的双渠道供应链的价格与交货期决策进行了研究。Chen 等（2017）[31] 研究了双渠道供应链中的价格和质量决策。部分学者研究了确定需求下双渠道供应链的协调决策[32~35]。

在医药供应链领域，学者们主要研究了确定性需求下的定价策略、质量控制策略、双渠道供应链协调策略等。侯文华和杨丹丹（2019）[14] 研究了双渠道医药供应链的竞争策略。杨丹丹和侯文华（2019）[36]、王道平（2021）[16]、关月月和黄哲（2021）[22]、李诗杨等（2017）[169]、但斌等（2017）[170] 等研究了药品双渠道供应链的定价策略。荣俊美和朱立龙（2019）[17] 研究了药品双渠道供应链的质量控制策略。赖雪梅和聂佳佳（2021）[37] 研究了零售商服务能力对 OTC 药品供应链双渠道策略的影响。李诗杨等（2019）[38]、王道平等（2022）[39] 等研究了药品双渠道供应链的协调问题。

另有学者研究了不确定需求下双渠道供应链的定价和协调决策。Wang 和 Song（2020）[40] 研究了不确定需求条件下具有绿色投资和销售努力的双渠道供应链的定价策略。Huang 等（2021）[41] 研究了随机需求下一个制造商和一个零

售商组成的双渠道供应链的定价决策。Zhao 等（2019）[42] 认为制造商应该在考虑各个渠道的不确定性市场需求、市场规模以及消费者需求对价格的敏感性等多个因素来设置线上线下价格。禹爱民和刘丽文（2012）[43]、但斌和徐广业（2013）[44]、Hu（2020）[45]、Xin 等（2020）[46] 等研究了需求不确定条件下的双渠道供应链的协调策略。Li 等（2016）[47] 以一个由风险中性的供应商和风险厌恶的零售商组成的双渠道供应链为研究对象，研究了在市场需求不确定的情况下双渠道供应链的定价与协调策略。还有很多学者对需求不确定条件下的双渠道供应链的优化以及其他决策做了研究（Ma and Xie, 2016; Yan et al., 2021; Karthick and Uthayakumar, 2022）[48~50]。在药品双渠道供应链领域，陈晓春等（2019）[15] 研究了随机需求下，受医药制造商提供的促销努力和消费者渠道偏好影响的双渠道医药供应链的协调策略问题。

Cao（2014）[7]、Zhang 等（2015）[51]、Yan 等（2021）[52] 等一批学者研究了需求中断条件下的双渠道供应链协调问题。其他一些学者则研究了生产成本或需求中断下集中式和分散式双渠道供应链的定价策略[53~55]。Yan 等（2017）[56] 研究了双渠道供应链下集中和分散的决策模型，对需求中断前后的决策进行了比较分析。研究表明，决策变化量是需求中断量的线性函数。在分散决策模型中，扰动供应链的最优销量决策与市场份额和需求中断有关。在集中式决策模型中，最优决策只受需求干扰的影响。

由此可知，学者们对于确定性需求、随机需求、需求中断下的双渠道供应链的定价、协调决策等相关问题进行了研究，并取得一定的研究成果。但对于不确定性需求或需求中断下的药品双渠道供应链的协调问题却鲜有研究。

3. 最优定价和库存决策

定价和库存问题是双渠道供应链管理的重要问题。学者们在研究了不同性质需求下的定价决策外，另考虑了其他不同影响因素下双渠道销售的最优定价问题以及定价与库存的问题。Li 和 Chen（2013）[57] 在研究过程中考虑客户对直接渠道的接受程度，分析了具有双销售渠道和双销售周期下制造商和零售商的运营，研究了制造商和零售商在分散决策时的最优价格问题。Javadi 等（2019）[58] 从灵活回报和节能规则角度考虑，研究了由制造商和零售商组成的双渠道供应链在不同政府干预政策下的最优定价决策。Yan 等（2016）[19] 研究了由两个制造商和一个零售商组成的双渠道供应链的最优定价问题，并分析了当制造商利润最大化时，制造商的最优定价因素、客户的交叉价格敏感性与成本之间的关系。Matsui 等 (2017)[59] 研究了双渠道销售模式下，制造商何时设定直销价格和批发价格的问题。研究结果表明，如果制造商和零售商不仅可以选择价格水平，还可以选择定价时间，则制造商应该在为零售商设定批发价格之前或同时公布直销价格，而不是之后。这种直销价格的预先公布不仅构成了渠道成员之间非合作博弈的子博弈完美纳什均衡，而且使采用双渠道销售策略的制造商的利润最大化。

很多学者认为定价和库存密不可分。Batarfi 等 (2019)[60]、Huang 等 (2021)[41]、Hammami 等 (2022)[61] 等研究了双渠道供应链下的定价和库存决策。Liu 等 (2012)[62] 研究了不对称信息下双渠道供应链的库存和定价联合决策问题。Li 和 Mizuno (2022)[63] 研究了需求随机且价格敏感的双渠道供应链的动态定价和库存问题。在该研究中，考虑了双渠道供应链中制造商和零售商之间的三种可能的权力结构，即制造商斯塔克尔伯格、零售商斯塔克尔伯格和纳什均衡。在三种权力结构中的每一种权力结构下，决策模型均采用随机动态规划来确定如何调整每个时期的定价和库存决策，以使每个成员在规划期内的总预期贴近利润最大化。通过比较不同权力结构下的最优动态定价和库存策略，发现最优定价和库存决策受权力结构的影响。

由此可知，学者们对于不同影响因素下双渠道销售的最优定价问题以及定价与库存的问题进行了非常丰富的研究，取得了丰硕的成果。

4. 渠道冲突、退货策略、协调策略

线上渠道的开辟降低了公司的运营成本，增加了产品的销量，了解了消费者的喜好，拉近了与消费者的距离，打破了制造商/供应商和消费者之间的壁垒，改变了消费者的消费模式 (Tsao et al., 2022)[101]。然而，双渠道也会导致供应链上下游成员之间的竞争和冲突[64~66]。郭燕和周梅华 (2011)[67] 认为这种冲突形成于企业内部管理不同分销渠道时。张少兵 (2019)[68] 认为零售企业双渠道冲突集中表现为需求冲突、价格冲突及利润冲突。对企业而言，在新增一条电子销售渠道的情况下，便在不断想方设法扩大销售额，并获取盈利。所以，在多渠道分销环境中需要研究的重要管理问题是与库存控制、订单和交付管理、退货/退款管理等相关的操作决策。特别是对于在线渠道而言，退货政策对顾客的购买决策起着重要的作用。因为双渠道销售有两方面的影响，一方面，它扩大了客户规模，节约了成本。另一方面，在基于互联网的渠道中，客户直接从线上购买产品，牺牲了产品实物检验的好处，这导致客户很可能对产品有一些不满，并希望退货，即使产品没有功能或外观缺陷（即假故障退货）。对于制造商来说，提供消费者友好的退货政策是获得市场竞争优势的明智策略（Li et al.，2017）[69]。许多制造商为了减轻消费者对在线购买产品的质量和可用性的担忧，承诺提供全额退货政策（Zhang et al.，2019）[70]。Wang 等（2015）[71] 从制造商的角度，研究了如何通过定价和退货政策缓解渠道冲突并实现利润最大化，并分析了退货政策对制造商和零售商的最优价格和利润的影响。Batarti 等（2017）[3] 在考虑退货政策的基础上，讨论了单渠道策略（即零售渠道）和双渠道策略（即零售渠道和在线渠道），并据此建立了数学模型。

至于如何解决双渠道冲突，学者们也对此进行了探索。杜春晶（2016）[64] 认为采用渠道整合策略，"依据渠道成员在分销产品上的优势、产品的体验性和目标顾客的特点进行分工协作，实现二元渠道的无缝对接"。还有很多学者从契约协调角度来考虑解决混合双渠道的冲突问题。Xia 等（2022）[72] 设计了收益分享契约协调机制。张少兵（2019）[68] 设计了商品批发价+网络零售价+利润分享组合契约协调机制。赵礼强和徐家旺（2014）[73] 设计了批发价+电子渠道价格+改进的收入共享的组合契约，不但实现了双渠道供应链的协调，而且实现了开辟电子渠道后供应链各成员利润的帕累托改进。王志伟等（2015）[74] 研究了渠道冲突产生的原因以及制造商如何使用纵向约束契约来实现渠道冲突的协调。Agatz 等（2008）[75] 认为从供应链管理的角度来看，多渠道分销为服务不同的客户群体提供了机会，创造协同效应。然而，为了成功地利用这些机会，企业必须掌握新的挑战。特别是多通道分配系统的设计需要在多个通道的流程集成和分离之间不断权衡。此外，销售和运营决策更加紧密地交织在一起，因为交付和售后服务正成为产品提供的关键组成部分。

由此可知，制造商/供应商开通线上渠道直销，与传统线下渠道存在一定的竞争和渠道冲突。现有文献更多的是从契约协调的角度来研究解决双渠道的冲突问题，部分文献研究了线上渠道的退货策略。

5. 电商平台扣费率、安全等问题

"电商平台通常对入驻企业征收技术服务费、推广费用和促销活动费用等"，部分学者探讨了双渠道销售模式下平台扣费率问题。张伸等（2019）[76] 研究了电商平台扣点率影响下的双渠道供应链协调定价问题。黄红伟等（2021）[77] 提出了两部协调定价机制下基于销售努力和电商平台扣点费率的双渠道供应链定价决策模型。研究表明，电商平台扣点费率的增加，降低了供应链的整体利润，可以通过两部协调定价机制减弱扣点费率对供应链整体利润的负面影响。Fu 等（2021）[78] 经过研究得出结论，线上零售价格受到在线平台服务质量和佣金的影响。无论渠道结构如何，一个在线平台提供更好的服务质量会导致其自身线上零售价格上涨，并迫使竞争在线平台要么提高服务质量，要么降低价格。在医药供应领域，侯文华和杨丹丹（2019）[14] 研究了医保报销和电商佣金比例对双渠道定价、供应链绩效以及社会福利的影响。

随着电子商务的快速发展，企业电子商务平台的安全性问题受到了高度关注。如何用更少的成本，更快地发现安全隐患，减少经济损失成为人们关注的焦点。在发现安全隐患的过程中，一方面，如果增加发现次数，可以提高平台的安全性，减少企业的安全损失。另一方面，必须增加企业支付的检验费用。反之，如果降低安全风险的发现次数，虽然降低了业务检查的成本，但会降低电子平台性能的安全性，导致企业安全损失的增加。为此，Li 等（2009）[79] 探讨了电商平台的安全问题。他将企业电子商务平台安全投资决策问题作为一个随机过程，同时考虑寻找安全隐患的投资支出和减少安全隐患带来的收益，构建了随机过程决策的定量模型，并给出了决策问题的最优解。而 Agrawal 等（2021）[80] 在研究过程中考虑了电商平台的响应性和易用性问题。

由此可知，在线上线下双渠道销售模式下，学者们已开始研究线上平台扣费率、安全性、易用性、响应性等问题。对于线上第三方平台的扣费率问题，不仅仅在药品双渠道供应链领域，即便在整个双渠道供应链的研究中，文献并不多。

（二）药品供应链影响因素研究

影响普通商品供应链的因素一般都会影响药品供应链，但药品供应链由于其特殊性，还有一些特殊的影响因素。所以本书从普通供应链的影响因素入手，主要从以下六个方面进行文献综述。

（1）渠道偏好。对于双渠道供应链，Yu 等（2020）[81]、Wang 等（2021）[82]、Mehrabani 和 Seifi（2021）[18] 等考虑了渠道偏好对供应链和需求的影响，研究了双渠道供应链的定价策略和协调策略。李莉等（2013）[83] 在考虑消费者渠道选择偏好的前提下，构建了库存决策定量模型并进行最优性分析。Meng 等（2021）[84] 运用 Stackelberg 博弈论的研究方法，提出了考虑渠道偏好的双渠道结构绿色供应链模型，探讨了双渠道绿色供应链下的产品协同定价策略。在医药供应链领域，陈晓春等（2019）[15] 结合医药产品的特性，构建了市场需求受消费者渠道偏好影响的双渠道模型，分析消费者渠道偏好对医药供应链利润的影响。研究表明，当消费者渠道偏好程度较低时，采用组合契约机制对医药制造商和医药零售商都是有利的。

（2）销售努力。Taylor（2002）[85]、徐最等（2008）[86]、胡东波和黎清毅（2011）[87]、丛娇娇和王红春（2016）[88]、张超和张鹏（2016）[89] 等认为销售努力水平影响供应链上需求。在此基础上，舒彤等（2021）[90] 基于零售商销售努力情形，运用 Stackelberg 博弈理论，研究了闭环供应链的定价决策，并分析了销售努力效应对企业决策和利润的影响。张冲等（2021）[91] 在需求依赖于销售努力的假设前提下，构建 Stackelberg 博弈模型，进一步研究不同供应链成员承担销售努力成本对产品定价和利润的影响。部分学者构建模型，求出了最佳的销售努力水平。如范贺花等（2019）[92] 构建了一个生产商主导的两级供应链博弈模型，求解得到不同渠道结构下零售商的最优销售努力水平。Wu 等（2020）[93] 考虑到消费者的绿色偏好和零售商的销售努力对供应链的影响，提供了一个描述绿色产品需求的函数，构建了考虑政府补贴的制造商和零售商在四种情况下的利润函数：不分担成本（NSC）、分担碳减排成本（SCERC）、分担销售努力成本（SSEC），以及分担碳减排费用和销售努力成本（SBC）。通过纳什博弈中制造商和零售商的利润最大化，确定了四种情景下的价格、销售努力水平、批发价格和碳减排努力水平的最优策略。而王永龙等（2018）[94] 针对产品需求的同时受制造商生产努力和零售商销售努力的影响下，建立了由制造商主导、零售商追随供应链博弈模型，研究了传统的批发价格契约和收益共享契约的协调性。在医药供应链领域，赖雪梅和聂佳佳（2021）[37] 考虑零售商销售努力对药品供应链双渠道策略的影响。

以上学者对于销售努力行为的研究主要考虑了零售商的销售努力。在互联网和信息技术飞速发展的今天，Hu 等（2020）[45] 则考虑了生产商的线上销售努力，研究了需求不确定条件下双渠道供应链的协调决策问题。王红春等（2021）[171] 研究了分散和集中情形下社交电商平台的销售努力对供应链定价决策的影响。

部分学者研究了渠道偏好和销售努力同时作用于供应链。Ke 和 Liu（2017）[95] 研究了信息不确定的情况下，考虑渠道偏好和零售商销售努力对供应链成员利润的影响，分析了集中式和分散式两种情况下的双渠道供应链，给出了两种情况下均衡的近似表达式。研究结果表明，供应商的利润随着顾客对直接渠道偏好期望值的增加而先下降后上升，零售商的利润随着顾客对直接渠道偏好期望值的增加而下降。此外，当零售商的销售努力弹性预期值增大时，集中化和分散化情况下的总利润、供应商利润和零售商利润均增加。在医药供应链领域，陈晓春等（2019）[15] 考虑医药制造商促销努力和消费者渠道偏好对医药供应链利润的影响，研究双渠道医药供应链协调策略，并得出结论，当消费者渠道偏好程度较低时，采用契约协调对医药制造商和医药零售商都有利；当促销努力满足约束条件时，采取双渠道更有利。

由此可知，现有文献普遍认为销售努力会影响产品需求，多数文献是站在零售商销售努力的角度考虑，研究供应链的定价、协调决策等问题。到目前为止，考虑销售努力对药品双渠道供应链影响的文献并不多。

（3）质量努力。产品质量是影响消费者购买行为的一个重要因素（但斌等，2010）[96]。市场需求具有随机性，主要依赖于产品质量水平和营销努力水平（Huang et al.，2019）[97]。消费者对产品质量的感知能够影响到供应链的决策，制造商应当为提高产品质量而不断努力（Fu et al.，2021）[98]。朱梦琳（2021）[99] 认为市场需求对产品质量的敏感性越高，制造商进行产品质量改进的动力就越高。但提高产品质量会增加生产成本，从而降低制造商的利润（De Giovanni，2011）[100]。于是，舒彤等（2021）[90] 在需求依赖于质量努力的假设前提下，构建 Stackelberg 博弈模型，研究不同供应链成员承担质量努力成本对产品定价和利润的影响。有学者认为，制造商可以投入昂贵的新技术来提高产品质量（Liu et al.，2018）[102]。很多学者研究了产品质量改进的投资策略[103~107]。Hu 等（2020）[108] 则探讨了制造商产品质量水平降低或提高的影响因素。在医药供应链领域，由于医药行业的特殊性，对产品质量历来十分重视[109]。Ma 等（2019）[110] 认为医药行业供应链与其他行业供应链相比，医药产品的质量对患者利益至关重要，产品质量努力对企业利润相当关键，优化产品质量努力可以提高医药供应链的利润。

（4）医保政策。几十年来，中国政府通过建立覆盖全国的社会健康保险制度，努力减轻患者的经济负担，降低患者的家庭经济风险（Shi et al.，2018）[111]。医保支付是医药行业区别于其他行业的一个显著特点。Ye 和 Ji（2019）[112] 在全面对比中美两国医疗保险制度和做法的基础上，提出了我国基本医疗保险的一些改革思路。张萍（2019）[113] 从建立多样化的支付与监督体系、发挥医保制度改革引导作用、加大医疗保险制度宣教力度等方面，提出了医疗保险制度改革的若干思考。医保政策对医院、医药供应链和消费者都有一定的影响。医保支付方式改革可降低医疗费用快速增长的趋势，影响医院用药和医生处方习惯（Chen et al.，2012）[168]。潘世富等（2020）[114] 探讨了医保支付方式对慢性疾病患者和医院预防努力的影响。杨丹丹和侯文华（2019）[36] 认为医保支付比率影响到了药品双渠道供应链的均衡结果。张笑雨（2021）[115] 认为目前在我国不支持医保线上支付成为诸多患者选择线上就医购药的最大阻力。消费者在面对双渠道选择时，会明显受到线下零售渠道医保支付政策的影响（侯文华和杨丹丹，2019）[14]。关月月和黄哲（2021）[22] 考虑了医保线下报销政策对消费者决策行为的影响，构建药品零售商双渠道定价策略模型，采用 Stackelberg 逆向归纳法对模型进行分析与求解，得出药品零售商最优定价和最优利润函数。王道平等（2021）[16] 考虑医保线下支付政策对消费者购药行为的影响，研究了药品双渠道供应链的定价策略。并在此基础上，继续针对现行医保政策在线上和线下渠道的差异性，构建了药品双渠道供应链模型，研究了药品双渠道供应链的协调问题（王道平等，2022）[39]。随着我国医疗机构信息化、智能化快速发展，"互联网+医疗健康"迎来飞速发展。"互联网+医保"是"互联网+医疗健康"的关键点，更是形成"互联网+医疗+医药+医保"的"三医联动"中的关键一环[116~119]。在此认知基础上，学者们开始了医保线上支付解决方案的探索[120]。

（5）研发创新。创新能吸引消费者[121]，对企业绩效有显著的正向影响[122]。张正和孟庆春（2017）[123] 认为无论是制造商，还是供应商都可通过技术创新来提升供应链价值。创新需要研发投入，投入具有外溢性[124~128]，创新成果的外溢性削弱了创新投入动机，供应链上下游企业合作则可以有效提升供应链创新投入水平[129]。Nie 等（2018）[130] 探讨了转移成本对企业创新投入的影响，认为具有转换成本的低效率企业比不具有转换成本的低效率企业创新投入更少，而具有转换成本的高效率企业创新投入更多。Li 等（2020）[131] 研究了零售商创新投资及其溢出效应对竞争性双渠道供应链定价和优化策略的影响。在供应链系统中，有效的创新行为需要供应链上下游企业的通力合作[132~133]，只有供应链主体协同创新才可以使供应链系统达到帕累托最优[134]。部分学者研究了影响企业创新的要素。权锡鉴和朱雪（2022）[135] 通过实证检验了政府补助对企业技术创新效率的影响。研究发现，政府补助能显著促进供应链上企业的技术创新效率。Zhang 等（2022）[136] 通过验证得出，当政府提供补贴时，最优总补贴与供应链协同程度、研发成功率增量正相关，与研发努力成本系数负相关。

在医药供应链领域，杨悦等（2022）[137] 认为，国内研发热点过于集中，存在高水平重复现象，创新药的医保谈判采用低定价策略，可能使创新型药企难以在合理的时间段内收回研发投入，后续研发难以为继。陈晓春和张文松（2021）[138] 将研发创新作为影响消费者效用的内生因素，设计组合契约协调策略优化医药供应链，有效激发研发创新动力。在大力发展医药创新方面，张帆等（2022）[139] 认为，不仅需要政府支持，更需要清晰的顶层设计，融合包括基础/临床研究、监管、支付等全产业链条，建立科学、完善的政策机制。

（6）其他影响因素。除上述几种影响因素外，还有学者考虑了其他一些因素对双渠道供应链的影响。Barzinpour 和 Taki（2018）[140] 研究了定价和运输模式对双渠道绿色供应链的影响。Tsao 等（2022）[101] 研究了定价政策、服务质量和双渠道竞争对供应链的影响，提出了通过有针对性的返利机制，能够消除渠道冲突，说服受损失方接受在线渠道的引入。Achrol 和 Stern（1988）[141] 研究了不确定性的外部环境因素影响渠道决策，研究结果表明，消费者的多样性、动力性、集中度和容量四个维度对渠道决策有影响。Zhao 等（2022）[142] 研究了非对称参考效应（Asymmetric Reference Effect，ARE）或信息共享（Information Sharing，IS）对渠道成员定价决策的联合影响。土耳其一位学者选用性别、年龄、教育水平、收入和日常互联网使用构成社会人口变量，以调查社会人口因素与在线购买使用之间的关系[143]。另有一些学者考虑了制造商或零售商的风险规避程度对供应链最优决策的影响[144~149]。

在医药供应链领域，学者们还考虑了技术研发、物流配送、平台收费、消费者异质性、医疗机构公益性、限价政策等对医药供应链的影响。其中，陈晓春等（2020）[150] 考虑了医药供应链中医药生产企业的技术研发和医药流通企业的物流配送对市场需求的影响。侯文华和杨丹丹（2019）[14] 研究了电商佣金比例对双渠道医药供应链定价、供应链绩效以及社会福利的影响。王道平等（2022）[39] 分析了消费者异质性对药品双渠道供应链成员和整体利润的影响。李诗杨等（2017）[169] 考虑医疗机构公益性影响下药品双渠道供应链的定价与协调策略。但斌等（2017）[170] 针对药品供应商在线售药而引发的渠道冲突现象，根据我国药品限价政策，对药品供应链的定价与渠道策略进行了分析。

（三）药品供应链协调策略研究

每一个供应链上的节点企业加入供应链运作最大的目的自然是追求自身利益最大化，在这个过程中，不可避免会产生双重边际效应。如何协调供应链上各成员间的利益，实现链上各成员的互赢和多赢，优化整条供应链的绩效，是供应链管理的核心内容之一。建立供应链成员之间的协调机制是解决上述问题的有效办法[151]，供应链契约作为一种有效的供应链协调机制，越来越受到人们的重视。目前常见的供应链契约主要包括回购契约、收益共享契约、利润共享契约、数量折扣契约、批发价格契约、两部收费契约、价格补贴契约、促销成本分担契约等。Xu 等（2011）[152]、杨德礼（2006）[153] 等对供应链契约研究进行了文献综述。

近年来，一些学者对药品供应链协调策略进行了研究，研究表明，供应链各方之间的协调，可以提高药品供应链的绩效[154]，同时，药品供应链的协调可以提高药品分销系统的安全和保障[155]。鉴于供应链协调的有效性，部分学者研究了单渠道销售模式下药品供应链的协调。Tat 等（2020）[156] 以单一药品供应商和单一药品零售商组成的两级药品供应链为研究对象，分别对分散和集中决策模型进行分析，提出了一种回购+短缺风险分担组合契约以实现渠道协调，使供应链整体利润最大化，并激励供应链成员执行该契约。Hosseini‐Motlagh 等（2021）[157] 针对不当处理不想要的/过期的药物对环境的有害影响，构建分散和集中数学模型，分析分销商参与企业社会责任竞争对抗生素收集量和参与成员成本的影响，并在此基础上，提出了一种新的节约成本分担契约，该契约能够使供应链的盈利最大化。Johari 和 Hossein-Motlagh（2020）[158] 以两个药品制造商和一个药品零售商组成的两级供应链为研究对象，在考虑企业社会责任的影响下，分别构建分散、集中和协调模型，以集中式模型为基准，为促进企业社会责任协调方案的达成，提出了企业社会责任成本分担契约。Johari 等（2021）[159] 将需求不确定性作为药店面临的主要挑战之一，应用契约来协调药店与供应商之间的关系。同时，设计了一个基于数量折扣+利益分享组合契约的协调方案来鼓励供应链参与者向集中决策方向发展，根据双方的议价能力在双方之间公平分配额外利润，为双方创造了双赢的条件。部分学者认为药品质量关乎患者生命健康，为了能保障药品生产、流通过程中的质量和安全合规，质量监管、物流配送、供应链协调至关重要[150,160~164]。Chen 等（2020）[160] 以两个制药企业和一个药房组成的两级医药供应链为研究对象，考虑有质量监管和没有质量监管两种情况。研究结果表明，通过质量监管，两家制药企业之间的产品差异化程度将会降低，从而加剧两家制药企业之间的价格竞争。这对两家制药企业有负面影响，但对药房的利润有正面影响。然而，适当水平的最低质量标准可以提高社会福利和整个药品供应链的经济绩效，从而实现双赢。陈晓春等（2020）[150] 以单一医药生产企业、单一医药流通企业和单一药店/医院组成的三级供应链为研究对象，同时考虑技术研发和物流配送对医药供应链的影响，构建分散决策、集中决策和组合契约协调决策模型，论证了契约协调供应链的有效性，不仅激励了医药生产企业提高研发水平，激励了医药流通企业提高物流配送能力，而且实现了整个供应链的帕累托最优。Meng 等（2012）[161] 对基于第三方物流的药品安全责任保护与协调问题进行了研究。Hosseini-Motlagh 等（2021）[162] 针对药品缺陷，探讨了制药企业的药品召回计划，分析了药品制造商和第三方物流之间缺乏协调的负面影响以及协调的重要性，提出了一种新的收取费用和共享利润契约的协调模式。Weraikat 等（2016）[163] 针对没有妥善处理的剩余药品，通过逆向供应链，在药品有效期限前返还给药品生产商，在药品生产商和第三方物流公司之间采用适当的协调方法，以保证完全的药物回收。Taleizadeh 等（2020）[164] 也认为第三方物流公司负责从客户那里收集剩余药品，以使逆向医药供应链成员的利润最大化，通过对逆向供应链进行充分的协调可以保证药物的全面回归。

随着互联网的不断发展，网上医药渠道在许多国家都得到了迅速的拓展，药品供应链参与者采用线上和线下两种渠道销售药品和服务。由于线上渠道与传统线下渠道存在竞争关系，学者们开始研究线上渠道与线下渠道之间的潜在冲突与协调问题。Paich 等（2011）[165] 认为渠道竞争迫使制药公司制定更有效的以产品为基础的战略计划。Lan 等（2022）[166] 认为当患者通过线上渠道获得药品的感知质量较低时，制药公司对传统药品零售市场的侵占会降低社会福利，当感知质量超过一定阈值时，制药公司侵占会提高社会福利。Hou 等（2020）[167] 探讨了医药供应链中如何将更多潜在客户转化为购买者，增加渠道销量，实现双渠道协调。李诗杨等（2019）[38] 针对当前网上售药渠道与传统售药渠道产生的矛盾冲突，在考虑我国药品限价政策与医疗机构公益性的基础上，构建了药品双渠道供应链分散决策与集中决策下的理论模型，分析、比较了限价政策、公益性等因素对均衡价格和系统绩效的影响；并针对药品双渠道供应链的特点，从渠道合作角度出发，设计了"指导定价+固定支付"及"政府补贴+指导定价+固定支付"的协调契约。陈晓春等（2019）[15] 以医药制造商和医药零售商组成的两级双渠道医药供应链为研究对象，在同时考虑渠道偏好和促销行为的情况下，结合医药产品和服务的特性，设计了组合契约来优化和协调医药供应链，并通过数值分析，证明了该种组合契约对医药供应链协调所起到的有利影响。王道平等（2022）[39] 针对消费者购药偏好的异质性和医保线上线下支付的差异性，分别构建药品双渠道供应链下的分散、集中、协调决策模型。研究表明，分散决策下的供应链绩效指标明显低于集中决策下，契约协调能明显提高供应链整体利润，并在契约参数满足一定的条件时，制造商和零售商的利润均可以达到帕累托最优。

（四）国内外研究述评

通过对以上文献回顾，不难发现医药供应链管理中的许多问题已得到学者们一定的关注。定量化模型的建立、分析推动了医药供应链理论的发展。现有文献的研究结论对医药行业的实践具有一定的借鉴和指导意义。该方向的研究虽然已经取得很大进展，但仍存在着许多亟待解决的问题。

（1）就药品销售模式而言，随着互联网、信息技术和第三方物流的飞速发展，"网络直销模式"悄然兴起，网上渠道药品的销量呈逐年上涨趋势。然而，目前关于医药产品供应链的研究主要是基于传统零售模式，缺乏对医药产品"线上+线下"销售模式的研究。特别是随着互联网医院陆续上线、互联网医疗新兴崛起、网售处方药政策放开限制以及医保网上支付试点运行，这些都将极大地为医药行业发展网络渠道带来新的契机。线上线下双渠道模式下，当两个渠道覆盖共同的客户资源时，势必引发诸多问题及矛盾。因此，考虑双渠道销售模式下药品供应链协调决策研究很有必要。

（2）就药品供应链的影响因素来讲，由于药品的特殊性，现有文献虽然考虑了渠道偏向、促销努力、医保政策、物流配送、技术研发等对药品供应链的影响，但在研究过程中局限于仅考虑单一要素。例如，对医保政策这个影响因素而言，现有文献考虑了医保线下支付对医药供应链决策的影响。但医保线下支付政策必定会影响对线上渠道药品的需求，为了扩大线上需求，药品生产商或批发商必定通过不懈的线上销售努力。所以，这种情况下考虑对供应链的影响因素应当同时考虑医保线下支付政策和线上销售努力两个关联因素。又如，对药品质量这个影响因素而言，医药生产商一方面努力提高药品质量，另一方面努力通过线上、线下双渠道销售模式来进行药品销售，在医药生产商领导的药品双渠道供应链中，必然会对医药零售商形成一定的渠道竞争压力，医药零售商也必定会通过多种促销行为来稳定线下需求。因此，同时考虑药品质量努力和线下促销行为双重因素对药品供应链的影响才更加符合实际。

（3）在以上文献研究中，关于药品质量或医保政策影响下的药品供应链决策主要涉及到定价决策、竞争决策或质量控制决策，尚不存在有研究药品双渠道供应链协调决策的。同时，药品具有其自身特殊性，即在患者患病情况下才需要使用药品，所以，药品需求具有很大的不确定性。因此，研究不确定需求并同时考虑关联影响因素下的药品双渠道供应链的决策问题非常有必要。

（4）目前学者们对双渠道的界定主要分为制造商或供应商采用线上线下双渠道和零售商采用线上线下双渠道。对于药品双渠道供应链而言，当制造商采用线上线下双渠道销售模式时，由于医药生产企业一般来说不具备销售药品的资质，线上售药基本都通过第三方有销售药品资质的电商平台完成，平台作为中介会收取一定的平台费，费率在多大程度上影响供应链利益、消费者福利及供应链主体决策目前鲜有文献探讨。另外，现有文献研究了研发创新对单渠道供应链绩效的影响，这种影响适不适合双渠道销售模式有待进一步的研究。最后，现有研究多站在医药企业的视角考虑问题，极少有学者站在消费者视角。如果换个主体视角来研究医药供应链的协调问题不仅具有很强的现实意义，也具有重要的理论价值。

本书的后续章节将着重针对上述问题进行深入研究，建立不同因素影响下的药品双渠道供应链博弈模型，确定最优决策，寻求最佳协调策略方案，力求在理论和实践应用两方面取得一定的突破。

三、研究内容与研究方法

（一）研究内容

本书主要以药品双渠道供应链为研究对象，探讨医药产品质量、促销行为、医保政策、销售努力、研发创新、第三方平台扣费率等多种因素对药品双渠道供应链的影响以及在此条件下医药企业如何进行最优决策和制定协调策略方案等问题。全书共分七章，各章的主要内容如下：

第一章：绪论。主要介绍本书的研究背景及研究意义，从双渠道销售模式、药品供应链影响因素以及药品供应链协调策略三个方面进行文献综述，进而介绍本书的研究内容、研究技术路线和研究方法，阐述本书的主要创新点。

第二章：基础理论阐述及相关问题探讨。本章主要对 Stackelberg 博弈理论、供应链契约理论、最优化理论、供应链协调理论等基本理论原理与应用进行阐述，对供应链协调本质、供应链失调原因以及供应链协调机制设计等问题进行探讨。

第三章：药品双渠道供应链影响因素分析。主要通过深度访谈和问卷调研，选择医药生产企业、医药流通企业、医院、政府部门、消费者等不同访谈和调研主体，从不同视角探讨他们对药品双渠道供应链以及双渠道供应链影响因素的认识，结合以往文献研究结论，经整理、归纳和总结，从中提炼出药品双渠道供应链的重要影响因素，为后文研究奠定基础。

第四章：考虑医药产品质量和促销行为双重影响下的药品双渠道供应链协调决策研究。研究了以医药生产商为主导，由医药生产商和医药零售商组成的两级药品双渠道供应链的协调决策问题，其中，医药生产商一方面通过线上直销渠道销售药品，另一方面通过线下传统渠道——医药零售商销售药品，医药生产商既是医药零售商的供货商又成为其竞争者。在考虑医药产品质量努力和医药零售商促销行为对需求的影响下，分别构建了合作决策模型和分散决策模型，在对比分析的基础上，提出了基于"收益共享+数量折扣"的组合契约机制来实现供应链协调，并通过数值仿真和参数灵敏度分析论证了契约协调的有效性。

第五章：随机需求下考虑医保政策和销售努力的药品双渠道供应链协调策略研究。以医药批发商为主导的药品双渠道供应链为研究对象，其中，医药批发商同时通过线上线下销售药品，线上通过第三方平台或自建平台，线下通过医疗机构/零售药店，在考虑药品需求不确定的条件下，研究了国家医保政策和医药批发商销售努力双重影响下的药品双渠道供应链的协调策略问题。通过建立独立决策模型和集中决策模型，对模型的最优解进行了分析、比较，并相继设计出"回购+收益分享"以及"回购+收益分享+销售努力成本分担"不同的组合契约来协调双渠道供应链，经理论推导，得出相关结论。进一步通过数值仿真，分析医保报销比例以及销售努力程度对供应链成员利润及最优决策的影响。

第六章：消费者效用视角下考虑研发创新和第三方平台扣费率的药品双渠道供应链协调决策研究。研究了由一个药品生产商、一个药品零售商、一个第三方平台组成的、受研发创新能力和第三方平台扣费率同时影响的药品双渠道供应链的协调决策问题。在研究过程中，将线上第三方平台收取的扣费率作为外生变量，分别构建离散决策、协同决策、组合契约协调决策三种模型，对比分析不同决策下研发创新能力和平台扣费率对药品双渠道供应链成员利润和消费者福利的影响。通过算例分析，验证了平台扣费率与药品研发创新能力之间的关系，探讨了政府补贴对企业研发创新能力的影响，同时，更进一步佐证了组合契约协调机制的有效性和可执行性。

第七章：总结、建议与展望。对全书进行总结，并提出管理建议，对未来研究方向进行了展望。

（二）研究技术路线

本书研究技术路线如图 1-1 所示。

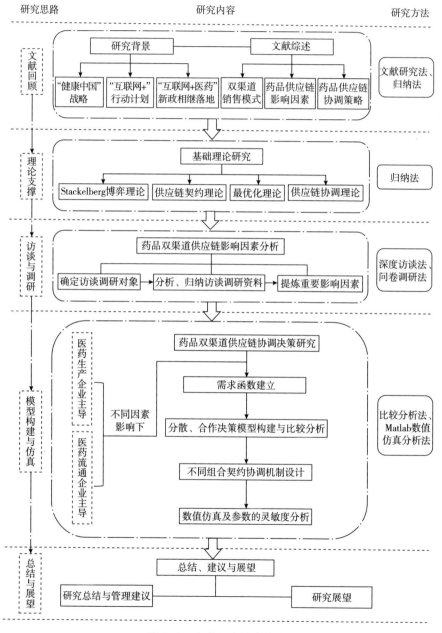

图 1-1　本书研究技术路线

（三）研究方法

本书综合运用了文献研究法、深度访谈和问卷调研法、对比分析法和 Matlab 数值仿真分析法，具体如下：

（1）文献研究法。本书通过查阅大量国内外文献，了解并掌握国内外关于双渠道销售模式、药品供应链影响因素及药品供应链契约协调等多方面的相关研究动态，为后文理论分析和决策模型构建奠定研究基础。

（2）深度访谈和问卷调研法。通过对药企、医院、政府机构等各部门核心人员进行深度访谈，对消费者药品选购行为进行广泛调研，全面了解访谈调研对象对本书研究问题的看法。根据多次访谈和调研结果，经整理、分析、归纳与总结，提炼出本书研究所需资料，为本书核心部分的撰写提供依据。

（3）对比分析法。对比分析不同情况下分散决策、合作决策、组合契约协调决策下药品双渠道供应链上各成员绩效指标及供应链整体绩效指标，得出管理启示。

（4）Matlab 数值仿真分析法。通过 Matlab 进行算例分析，验证契约协调供应链的有效性及可执行性；对相关参数进行灵敏度分析，验证重要参数变化对供应链成员利润及最优决策的影响。

四、主要创新点

本书在现有研究成果的基础上，研究多因素影响下的药品双渠道供应链协调决策问题，主要创新点体现如下：

（1）拓宽药品双渠道销售模式研究面，在多因素关联影响下研究供应链的协调问题，提出不同的组合契约协调机制。

双渠道销售模式在互联网和信息化飞速发展的今天越来越普及，现有学者已开始涉及"线上+线下"医药双渠道销售相关决策研究，但在考虑对医药供应链的影响因素时，一般仅考虑单个因素或实际生活中并不十分关联的多个因素的影响。本书一方面除借鉴以往文献中的研究成果外，更主要是通过广泛的调研和对药品供应链利益主体进行深度访谈，提炼出重要影响要素，使得问题的研究更加符合实际。另一方面在研究不同因素对药品双渠道供应链的影响时，充分考虑了调研过程中有相互关联的影响因素，研究相互关联的因素影响下供应链的协调问题，并提出不同的组合契约协调机制，这样使得研究过程更符合实际情况，也使得研究结论更具有参考价值和借鉴意义。同时，该研究成果对现有文献也是一个重要的补充。

（2）考虑药品实际需求的不确定性，研究了随机需求下药品双渠道供应链的协调决策问题。

以往研究药品双渠道供应链大多假设需求是确定的，很少考虑药品需求的不确定性，在这种假设下建立的模型适用性有限。在本书第五章研究中，考虑了随机需求下药品双渠道供应链的协调决策问题。同时，鉴于过期药品对社会环境的危害以及国家对绿色供应链的倡导，在研究过程中，考虑了对剩余过期药品的销毁及处理成本，以达到更符合实际情况的研究效果。

（3）站在消费者效用视角建立需求模型，研究线上销售扣费率对药企、供应链及消费者剩余的影响，探讨组合契约协调机制同时给企业绩效和消费者福利带来的效果。

以往研究药品双渠道供应链协调，对于制药企业线上销售渠道，往往是直接通过第三方销售平台到消费者，不考虑第三方平台收取的佣金或称平台扣费率，这显然不符合实际。本书在第六章研究中，将平台扣费率作为影响供应链系统的外生变量，探讨了平台扣费率对药企的研发创新能力、线上线下需求量、供应链成员利润以及消费者福利等的影响，对于药企更好发展线上渠道，开展与第三方平台之间的沟通、协商与合作具有一定的启示作用。另外，以往文献在研究过程中主要基于药企视角考虑供应链契约协调给企业带来的效果，本书第六章则换了一个视角，站在消费者效用视角，探讨了供应链契约协调同时给企业绩效和消费者福利带来的效果，由此得出的研究结论将更具有实用价值。

第二章 基础理论阐述及相关问题探讨

为后文研究需要，本章主要对博弈理论中的 Stackelberg 寡头竞争模型、供应链契约理论、最优化理论及供应链协调等基本理论原理与应用进行阐述，对供应链协调本质、供应链失调原因以及供应链协调机制设计等问题进行探讨。

一、基础理论阐述

（一）斯塔克尔伯格（Stackelberg）寡头竞争模型

斯塔克尔伯格模型由德国经济学家斯塔克尔伯格（H. Von Stackelberg）在 20 世纪 30 年代提出。这个模型和 Cournot 模型与 Bertrand 模型的同时行动假设不一样，Stackelberg 模型假设寡头行动有时间上的先后顺序，先行动的称为领导者，后行动的称为追随者，根据决策变量的不同，可以分为产量领导和价格领导模型。Stackelberg 模型用来描述一个充当领导企业角色的厂商与作为追随企业的厂商之间的相互影响。该模型假定：领导企业了解跟随企业一定会对它的产量或定价做出反应，因而当它在确定产量或价格时，把跟随企业的反应也考虑了进去。这个模型也被称为"领导企业模型"。

在 Stackelberg 模型中，企业 1（称为领导企业，leader）首先选择自己的产量 q_1，$q_1 \geq 0$，企业 2（称为跟随企业，follower）观测到 q_1，然后选择自己的产

量 q_2，$q_2 \geqslant 0$。因此，这是一个完美的信息动态博弈。因为企业 2 在选择 q_2 前观测到了 q_1，它可以根据 q_1 来选择 q_2，而企业 1 首先行动，它不可能根据 q_2 来选择 q_1，但它知道企业 2 会根据它的产量来进行决策，于是企业 1 在进行决策时会把企业 2 的反应考虑进去。

假定市场价格是总产量的函数 $P(Q) = a - b(q_1 + q_2)$，a，b 为常数；两个企业有相同的不变单位成本为 c，$c \geqslant 0$，则利润函数可表示为：

$$\pi_i(q_i) = q_i(P(Q) - c), \quad i = 1, 2$$

使用逆向归纳法求解。首先考虑给定 q_1 的情况下，企业 2 的最优选择，则问题转变为求解 $\max \pi_2(q_2)$。

于是，$\pi_2(q_2) = q_2(P - c) = q_2[a - b(q_1 + q_2) - c]$

在 $\dfrac{\partial^2 \pi_2}{\partial q_2^2} = -2b < 0$ 的前提下，

利润 π_2 最大化条件：$\dfrac{\partial \pi_2}{\partial q_2} = a - bq_1 - 2bq_2 - c = 0$

从而求得反应函数：$q_2 = \dfrac{1}{2b}(a - bq_1 - c)$

将此函数代入企业 1 的利润函数：

$$\pi_1 = (P - c)q_1 = [a - b(q_1 + q_2) - c]q_1 = \left[a - bq_1 - \dfrac{1}{2}(a - bq_1 - c) - c\right]q_1$$

$$= \dfrac{1}{2}q_1(a - bq_1 - c)$$

在 $\dfrac{\partial^2 \pi_2}{\partial q_1^2} = -b < 0$ 的前提下，

其利润最大化条件：$\dfrac{1}{2}a - bq_1 - \dfrac{1}{2}c = 0$

因此均衡时企业 1（领导企业）最大化利润产量：$q_1 = \dfrac{a - c}{2b}$

将以上 q_1 代入 q_2 表达式中，求得企业 2（跟随企业）最大化利润产量：

$$q_2 = \dfrac{a - c}{4b}$$

在 Stackelberg 模型下均衡时两个企业的产量分别为：$\left(\dfrac{a-c}{2b},\dfrac{a-c}{4b}\right)$，此时，企业 1、企业 2 的利润分别为：

$$\pi_1 = (P-c)\,q_1 = \left[a-b\times\frac{3(a-c)}{4b}-c\right]\times\frac{a-c}{2b}=\frac{(a-c)^2}{8b}$$

$$\pi_2 = (P-c)\,q_2 = \left[a-b\times\frac{3(a-c)}{4b}-c\right]\times\frac{a-c}{4b}=\frac{(a-c)^2}{16b}$$

这样，在企业 1 的产量领导下，企业 1 和企业 2 实现了短期的均衡，均衡时的产量为 $\left(\dfrac{a-c}{2b},\dfrac{a-c}{4b}\right)$，市场价格 $p=\dfrac{a+3c}{4}$。企业 1 获得的利润大于企业 2 获得的利润。这就是所谓的"先动优势"。在博弈中，拥有信息优势可能使参与者处于劣势，而这在单人决策中是不可能的。企业 2 在 Stackelberg 模型中的利润低于 Cournot 模型中的利润（Cournot 模型中各方均衡利润为 $\dfrac{(a-c)^2}{9b}$，推导略），是因为它在决策前就知道了企业 1 的产量，处于信息优势。

博弈论是定量决策的一个重要理论，Stackelberg 博弈属于其中一种非合作完全信息动态博弈[172]，它可以用于对不同利益方之间发生的冲突事件问题进行建模求解。近年来，很多学者将博弈论应用于处理供应链管理问题。Chen（2021）[173] 在报童供应链模式中应用博弈理论。Xu 等（2018）[174] 从博弈理论的角度，建立了由一个制造商和一个零售商组成的集中式和分散式供应链的决策模型，设计了一种改进的收益共享契约来有效地协调制造商和零售商。Mahmoodi（2019）[175] 考虑了一个由制造商和零售商组成的制造商-Stackelberg 结构的供应链，在假设线性需求模型的情况下刻画了 Stackelberg 均衡。Lu 等（2006）[176] 研究了供应链中生产者为领导者，供应商为追随者的 Stackelberg 博弈问题，讨论了供应链中的一种 Stackelberg 博弈，经理论推导及仿真比较，证明了 Stackelberg 博弈的有效性和实用性。Wei（2016）[177] 通过比较回购 Stackelberg 博弈模型和合作博弈模型，得出合作博弈模型中的供应链利润最大的结论。Sang（2018）[178] 建立了三种不同的博弈模型，包括两个 Stackelberg 博弈和一个垂直纳什博弈，以研究权力结构如何影响供应链成员的绩效。Wang 等（2018）[179] 基于 Stackelberg 博弈，研究了一个零售商和一个制造商的两阶段供应链的渠道协调问题。

本书根据博弈论的思路，针对药品供应链不同影响因素和不同博弈参与主体，构建相对应的 Stackelberg 博弈决策模型，分析不同情形下供应链参与主体的博弈顺序，并提出不同的博弈策略。

（二）供应链契约理论

契约是经济学上的一个概念。张五常认为，"契约就是当事人在自愿的情况下的某些承诺，它是交易过程中的产权流转形式"。陈赤平认为，"契约本身是一种有效的治理工具，明确契约关系的治理就是利用明确的契约条款对缔约双方的责权利关系进行界定"。"契约"与法律上的"合同"既有共同点又有不同点。共同之处是要遵守自愿互利、协商一致的原则。不同之处在于法律上的"合同"是具有法律效力的，而"契约"比合同的外延宽，只要存在约束均可称为契约，一些法律上无效力的约束，如默认也属于契约的范畴。契约一般分为完全契约、不完全契约、关系契约和激励契约。契约是供应链协调的重要手段[180]。"供应链契约"这个概念最早在 1985 年由 Pasternack 提出。它是指通过提供合适的信息和激励措施，保证买卖双方协调，优化销售渠道绩效的有关条款。如果将之分类的话，供应链契约更接近于激励契约。供应链契约设计主要是为了解决供应链的失调问题。

一般来说，常见的五种供应链契约有：①数量折扣契约（quantity discount contract）。供应商根据零售商的订单数量提供不同的批发价，零售商的订单数量越大，批发价越低，得到的折扣越高，以此来激励零售商提高订单数量。构建模型时，数量折扣契约中折扣因子为设定求解参数。这是目前为止应用最多、最广泛的一种契约，已有相当多的理论和实践成果。②回购契约（buyback contract）。主要针对需求的不确定性，允许下游成员对于尚未售完的产品以低于批发价的回购价返售给上游成员，从而达到双方共担风险的协调目的，契约中回购价为设定求解参数。回归契约经理论证明，可以消除双重边际效应，被大量应用于对时间性要求较严的产品，如书籍、报纸、杂志、计算机软件和硬件、音像制品、贺卡以及医药产品等。③收益共享契约（revenue-sharing contract）。上游厂商以较低的批发价格，甚至以低于成本的批发价向下游厂商供货，下游厂商将产品售出后，作为低价进产品的回报，共享一定比例的产品销售收入给上游厂商。其中，批发价和分成比例由双方协商并在契约中明确规定。目前，国内常用的特许经营模式就是收益共享契约的典型案例。与该契约相类似的还有利润共享契约（profit-sharing contract）。不同的是，收益共享契约共享一定比例的销售收入，而利润共享契约是约定共享一定比例的利润。这两种契约中，批发价、收益共享因子（比例）、利润共享因子（比例）为设定求解参数。④成本分担契约（cost-sharing contract）。制造商为零售商承担一定比例的售后服务或促销等成本，或零售商为制造商承担一定的产品质量改进或技术创新或广告促销等成本，或双方互担成本，适合于考虑产品绿色度、新鲜度，环保、联合减排，销售努力等供应链协调情形。与该契约相类似的还有风险共担契约（risk-sharing contract）。前者共担成本，后者共担风险。两种契约中，成本分担因子（比例）、风险共担因子（比例）为设定求解参数。⑤两部收费契约（two-part tariff contract）。上游成员企业向下游成员企业收取一个固定费用后，再根据产品需求确定单位产品的批发价，其中的固定费用，如公司初次加盟连锁企业的加盟费、出租车收取的起步价等。该契约中，固定费用为设定求解参数。还有一些其他的供应链契约，如价格补贴契约、批发价格契约等。通过对近 20 年来文献的分析，学者们对于收益共享契约和回购契约应用是最多的，其次是批发价格契约和数量折扣契约。有很多学者在常见契约基础上提出了一些契约改进，还有很多学者将契约组合，设计组合契约机制来协调供应链。

供应链契约是供应链协调的重要手段。本书根据不同的药品供应链的影响因素，选择不同的供应链契约或供应链组合契约机制来协调药品双渠道供应链，寻求供应链的帕累托最优解，同时确保每一方的利益都比原来好。

（三）最优化理论

最优化理论是解决最优化问题的基础理论，一般按照约束情况来看分为无约束最优化理论和约束最优化理论[181]。

1. 无约束最优化理论

假定选择一个变量 x，使得 $F(x)$ 最大，令 $\bar{x}$ 表示最优选择的候选解，在 $\bar{x}$ 处附近将 $F(x)$ 按泰勒级数展开：

$$F(x)=F(\bar{x})+F'(\bar{x})(x-\bar{x})+\frac{1}{2}F''(\bar{x})(x-\bar{x})^2+\cdots \qquad (2-1)$$

最优化的一阶必要条件是 $F(x)-F(\bar{x})=\frac{1}{2}F''(\bar{x})(x-\bar{x})^2+\cdots \qquad (2-2)$

对足够接近于 $\bar{x}$ 的 x，二阶项就支配了泰勒展开式中的高阶项（隐藏在省略号中）。因而，如果 $F''(x)$ 为正，就可以找到一个足够接近于 $\bar{x}$ 的 x，使 $F(x)>F(\bar{x})$。换句话说，$\bar{x}$ 在一个小的邻域内不会产生 $F(x)$ 的最大值。当然，它也不可能在 F 的整个定义域内产生最大值。上述推导给出了 $\bar{x}$ 产生 $F(x)$ 的局部的或全局的最大值的二阶必要条件，即

$$F''(\bar{x})\leqslant 0 \qquad (2-3)$$

如果二阶导数是负的，那么式（2-2）中的二次项为负。在 $\bar{x}$ 周围足够小的区间内，不管高阶项的符号是什么，都有 $F(x)<F(\bar{x})$。如果式（2-1）成立，则

$$F''(\bar{x})<0 \qquad (2-4)$$

就是 $\bar{x}$ 产生 $F(x)$ 的一个局部最大值的二阶充分条件。满足二阶条件的局部最大值则被称为正则最大值。

假定此最大化问题包含一个参数 λ。一阶条件为

$$F_x(\bar{x}, \lambda)=0 \qquad (2-5)$$

该式隐含地把 $\bar{x}$ 定义为 λ 的一个函数。现在需要知道最优选择将如何随着 λ 的变动而变动。将式（2-5）全微分，有

$$F_{xx}(\bar{x}, \lambda)d\bar{x}+F_{x\lambda}(\bar{x}, \lambda)d\lambda=0 \qquad (2-6)$$

也即

$$\frac{d\bar{x}}{d\lambda}=-\frac{F_{x\lambda}(\bar{x}, \lambda)}{F_{xx}(\bar{x}, \lambda)}$$

在正则最优解处，等式右边的分母为负数。因此 $\frac{d\bar{x}}{d\lambda}$ 的符号与交叉偏导数 $F_{x\lambda}$ 在最优解处的符号相同。这表明了二阶条件如何帮助评价参数变化对最优选择的数量影响。

2. 约束最优化理论

考虑在约束 $G(x_1, x_2)=\alpha$ 下最大化 $H(x_1, x_2)$，其中 G 和 H 都是自变量的

增函数。x_2 看作是沿着每一条等值线的关于 x_1 的函数。下面从 $H(x_1, x_2)$ 的等值线开始分析，一阶导数的表达式为：$\dfrac{dx_2}{dx_1}=\dfrac{-H_1(x_1, x_2)}{-H_2(x_1, x_2)}$。将这个式子再次微分，得到

$$\frac{d^2x_2}{dx_1^2}=\frac{d[-H_1/H_2]}{dx_1}$$

$$=-\frac{H_2(H_{11}+H_{12}dx_2/dx_1)-H_1(H_{21}+H_{22}dx_2/dx_1)}{H_2^2}$$

$$=-\frac{H_2^2 H_{11}-2H_1 H_2 H_{12}+H_1^2 H_{22}}{H_2^3}$$

其中，H 的所有导数中变量 (x_1, x_2) 都被省略了。

$\bar{x}$ 为局部最优解的二阶充分条件为 $\dfrac{d^2x_2}{dx_1^2}$ 沿着 H 的等值线的值应该比它沿着 G 的等值线的值更大。利用一阶必要条件

$$H_i(\bar{x})=\gamma G_i(\bar{x}),\quad i=1, 2 \tag{2-7}$$

在 H_i 和 G_i 都为正的假设下，简化式（2-7），二阶条件变为

$$G_2^2(H_{11}-\gamma G_{11})-2G_1 G_2(H_{12}-\gamma G_{12})+G_1^2(H_{22}-\gamma G_{22})<0 \tag{2-8}$$

用矩阵表示法即为

$$\det\begin{bmatrix} H_{11}-\gamma G_{11} & H_{12}-\gamma G_{12} & -G_1 \\ H_{21}-\gamma G_{21} & F_{22}-\gamma G_{22} & -G_2 \\ -G_1 & -G_2 & 0 \end{bmatrix}>0 \tag{2-9}$$

其值在 $\bar{x}$ 处计算。

在已经建立的矩阵表示法中，形成分块矩阵

$$\begin{bmatrix} H_{xx}-\gamma G_{xx} & -G_x^T \\ -G_x & 0 \end{bmatrix} \tag{2-10}$$

式（2-10）中，左上方的一块是一个 $n\times n$ 的矩阵，右下方的一块是一个 $m\times m$ 的零矩阵，其他两个分块分别是 $m\times n$ 和 $n\times m$ 的矩阵。

考虑由这个矩阵的最后 k 行和相应的列组成的方的子矩阵，可以让 k 从 1 变化到 $m+n$，$k=m+n$ 时的子矩阵就是整个矩阵。当 k 很小时，子矩阵就会是奇异

的，因为它的右下角有大量的零值。但是哪些由 $k=2m$ 或者更大的 k 形成的子矩阵就未必是奇异的了。于是，局部最大值的二阶充分条件对这些矩阵的行列式的符号施加了限制，即要求符号依次变化，且第一个子矩阵的符号为 $(-1)^m$。

连续的子矩阵是从右下角而不是从左上方开始的。这样，$(H_{xx}-\gamma G_{xx})$ 就没有被涉及。它并不需要有任何特定符号的行列式，更不用说必须是负定的行列式了。这样，$(H-\gamma G)$ 不需要是凹的，而且当一阶必要条件表明 $\bar{x}$ 给出了 $(H-\gamma G)$ 的一个稳定点时，$\bar{x}$ 并不需要使它取得最大值。

学者们将最优化理论中求最大值的方法应用于研究供应链中的相关决策问题。Xu 等（2017）[182] 基于最优化理论，研究了限额交易制度下由制造商和零售商组成的定制供应链的生产和减排决策。He 等（2019）[183] 考虑了一个双渠道闭环供应链，应用最优化理论，研究了制造商的最优渠道结构和定价决策。Madani 和 Rasti-Barzoki（2017）[184] 建立了政府作为领导者，绿色供应链和非绿色供应链作为跟随者的竞争数学模型，在集中模型和分散模型中，得到了决策变量的最优值，并对治理决策进行了一些重要的敏感性分析。Xie 等（2017）[185] 以线上/线下双渠道为背景，研究了集中式和分散式双渠道闭环供应链的契约协调问题。通过对集中式决策和制造商主导式分散决策的比较，得出了最优的线上/线下价格、批发价和广告投入。通过数值算例的分析，观察变量之间的关系，通过参数估值的变化分析最优利润与变量之间的关系。

最优化理论是解决最优战略决策和供应链最优决策的有力工具。为了研究不同影响因素下药品双渠道供应链的最优协调决策方案，运用最优化方法对构建的决策模型进行最优化求解，分析药品双渠道供应链整体和各供应链成员最优的决策行为。

（四）供应链协调理论

哈罗德·孔茨等认为管理的本质就是协调[186]。由于个体对自身利益的追求、目标定位的差异，不同主体之间的行为、努力如何更好配合，这其中就需要协调。从经济学的角度来讲，协调是资源配置的一种方式[187]。任何个体在生产经营过程中普遍面对的问题是在资源有限的前提条件下，如何将有限的资源更好配置从而创造出更高的价值。因此，对个体来讲，生产什么、生产多少、生产资源如何搭配、产品如何定价、利益如何分配等问题构成了企业组织行为的基本问题，每一类个体需要根据自己所掌握的信息进行有效决策。由于个体与个体之间的相互影响性，个体最优决策的组合并不能在社会这一层面上也达到最优。为了使个体的最优决策组合所决定的资源配置方式也能在社会层面达到最优，这就需要进行协调。

供应链协调可以理解为供应链上的各个主体通过一定的方式相互沟通、协作，共同为实现供应链的效率和效益而努力，不仅实现自身利益的最优化，更使供应链的整体绩效达到最优。因此，供应链协调的过程实际上就是一种沟通、合作过程，而协调的结果就是供应线成员及供应链整体绩效的最优。通常来说，供应链协调包括供应链上各企业成员的内部协调以及供应链成员间的协调。企业内部协调一般可从优化企业生产运作流程或从优化企业的组织结构等方面入手来解决。供应链上企业间的协调，包括供应商与生产商、生产商与批发商、批发商与零售商、生产商与电商平台、分销商与电商平台等之间的协调更多的是从信息共享、对话、沟通、交流、合作等途径入手。相对来说，企业内部协调由于不确定因素较少，同时有公司内部管理规范、公司制度等条条框框的约束条件限制，协调起来相对容易一些；而对于供应链上成员间的协调却受外部环境影响较大，不确定影响因素较多，协调起来比较困难。由于涉及多方利益主体，这便使供应链上组织间的协调成为供应链管理的新难点，也成为供应链管理的新趋势。

本书重点研究后者——供应链上成员间的协调问题。目前国内外学者对该问题的研究主要从契约合作的角度来考虑，范林根（2007）[180]将之称为契约合作型供应链协调，通过供应链协调，使得供应链成员利益及供应链整体利益达到最优。

二、相关问题探讨

（一）供应链协调本质

范林根（2007）[180]认为供应链的协调本质上是合作伙伴基于契约的合作

问题。

Nagurney 等（2016）[188] 认为供应链协调的本质归根结底在于供应链的合作与共享机制的建立。供应链上各成员合作通常是为了降低供应链总成本、降低库存、优化销售渠道、增强信息共享、改善彼此之间的交流、共担风险共享收益，以实现共同的期望和目标。无论是供应商主导、生产商主导、分销商主导的供应链，均强调合作与共享。没有合作，协调无从谈起。但合作的潜力在某种程度上总是与权力的平衡和不平衡有关（Essabbara 等，2020）[189]。所以，Aryanezhad 等（2012）[190] 认为供应链能够协调在于供应链上存在主导企业，由主导企业来对整个供应链进行组织、协调和控制。主导企业既可能是供应商，也可能是生产商或者是分销商，一般由供应链上的核心企业来担任。占主导地位的核心企业相对来说处于信息劣势，因为整个供应链当中其他参与者都拥有私人信息或信息优势。这种情况下，核心企业出于自身利益最大化的动机考虑需要其他参与者的配合与协作，通过供应链上各成员的协调与配合，从而最大化整个供应链的利益。由于不可能通过行政命令来指挥其他参与者的行动，于是，主导企业只能通过契约来寻求其他参与者的支持并约束它们的行为。这也正是为什么范林根认为协调的本质是合作伙伴基于契约的合作问题[180]。口头合作约束效果较差，而缔结书面契约却可以相对有效约束供应链上成员以有利于供应链整体的方向而努力。在设计契约时，必须考虑到两个条件：①参与者的个人理性，即博弈论里谈到的追求自身利益最大化；②参与约束，即参与者接受这个契约，愿意遵守契约的约定，一定是接受契约之后获得的利益大于不接受契约之前所获得的利益。

总体而言，供应链的协调本质上是从企业战略、企业信念、企业使命、企业价值观等方面出发，充分考虑到企业的逐利性特征，通过一定的方式方法促成供应链节点企业彼此间的交流与合作，从而达到风险共担、利益共享、低成本、更高效的供应链卓越品质能力。

（二）供应链失调原因

供应链系统是一个由多家独立企业构成的复杂大系统，每个节点企业归属不同的所有者，有各自的目标，均追求自身利益最大化。由于各自的目标不一致，在追求利益最大化过程中，各利益主体有可能发生有利于自身而损害供应链整体利益或其他供应链成员利益的行为，从而使得供应链运营状态失衡，供应链失调产生。

学者们对供应链失调原因进行了研究，具体来说有以下两种观点。以周良和徐国华（2004）[191] 等为代表的学者认为造成供应链失调的原因有两点：一是目标冲突引起的供应链失调；二是信息不对称造成的供应链失调。以张京敏（2005）[192] 等为代表的学者认为供应链中的信息传递发生扭曲，是导致供应链失调的重要因素。范林根（2007）[180] 认为供应链失调问题从客观来说是组织与流程的结构问题；从主观来说，一是个体理性，二是信息不对称。

综合以上学者的研究，供应链之所以会失调，原因在于：供应链系统处在一个不确定性、不稳定的环境中，其本身又是一个由相互关联的多企业节点组成的动态大组织，这个动态的组织中根据不同的分工，有供应商、生产商、分销商、合作企业、客户等，他们之间不同的行为引起商流、信息流、物流、资金流在这条链上流动，不确定性的环境加上动态的组织，即使信息流动是畅通无阻的，但由于各个节点目标冲突，理解力不同，执行力不同，仍然会产生供应链的失调。特别是，信息如果在供应链传递过程中发生扭曲，还会产生牛鞭效应（Bullwhip Effect）。如图 2-1 所示。

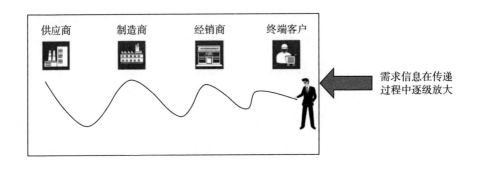

图 2-1 牛鞭效应

牛鞭效应扭曲了供应链内的需求信息，不同阶段对需求状况有着截然不同的估计，其结果会导致供应链失调。Hu 等（2019）[193] 提出牛鞭效应存在于供应链中，决定平衡态稳定性的是多重时滞而不是恒定的终端消费者需求，然而，当终端零售商的库存决策与终端消费者需求线性相关时，消费者需求会对供应链均衡状态的稳定性产生影响。Michna 等（2020）[194] 揭示了需求和交货期预测对牛鞭效应的影响。在此基础上，Mudjahidin 等（2019）[195] 通过敏感性分析认为可以找到库存的值，使牛鞭效应的发生不会导致每家公司的库存短缺。但到目前为止，没有一项现有的研究在经验上解决牛鞭效应（Gruchmann 等，2019）[196]。

由以上分析可知，造成供应链失调，影响供应链整体效率的三个原因：一是供应链系统所处环境的不稳定不确定性以及供应链本身的动态性；二是供应链成员追求自身利益最大化所导致的双边际效应（Double Marginalization）；三是信息不对称造成的牛鞭效应。

（三）供应链协调机制设计

周良和徐国华（2004）[190] 在探讨供应链失调原因的基础上提出了供应链协调机制，即"为使供应链的各种流（信息流、物料流和资金流）能无缝地、顺畅地在供应链中传递，减少因信息不对称造成的生产、供应和销售等环节不确定性，以及消除因供应链的各成员目标不同而造成的利益冲突，提高供应链的整体绩效而采取的任何措施"。范林根（2007）[180] 认为，供应链协调机制包括供应链的利益协调机制（包括利益的分配）、信息协调机制、组织协调机制、流程协调机制和关系协调机制，并统称为契约协调机制。其中，利益协调机制促使供应链整体及各成员的利益达到协调，信息协调机制促使信息系统构建、共享等方面的功能达到协调，组织机构协调机制促使合作伙伴、核心企业与加盟成员等供应链构成达到协调，流程协调机制促使流程通过流程再造等达到流程管理的协调，关系协调机制促使契约的签订等法律关系、成员相互之间的信任等文化关系的协调。李寅龙（2016）[151] 对于供应链协调机制的设计，认为一般有供应链契约机制和供应链信息技术与共享机制。供应链协调机制设计原理可解释如图 2-2 所示[151]。

图示情境：公共汽车上靠窗户旁边前后相邻两个位置上坐着两位乘客，分别是甲和乙。

情境假设：①天气炎热，车厢内没有空调；②个人均理性，不发扬助人为乐精神。

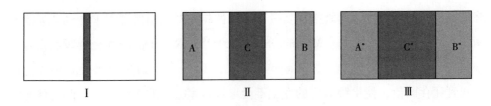

图 2-2　玻璃窗吹风效益示意图

在图 2-2 Ⅰ中，两位乘客身边的窗户是完全封闭的，每位乘客得到的吹风效益是零。在图 2-2 Ⅱ中，甲将窗户的玻璃向前推动获得吹风效益为 A，乙将窗户的玻璃向后推动获得吹风效益为 B，此时两块窗户玻璃的重合部分为 C。在图 2-2 Ⅲ中，甲和乙继续推动玻璃，直至两块玻璃完全重合，此时甲获得的吹风效益为 A^*，乙获得的吹风效益为 B^*，两块窗户玻璃的重合部分为 C^*。当两块玻璃完全重合的时候，甲和乙所获得的吹风总效益 A^*+B^* 是最大的。其他任何例外情况下，A+B 都小于 A^*+B^*。如果将乘客甲和乙看作是供应链上的两个利益主体，那么供应链协调机制设计的基本问题包括两个方面：一是如何设计一种机制使两位乘客自愿将两块玻璃推动得完全重合；二是当两块窗户玻璃完全重合的时候，玻璃究竟在什么位置。如果采用契约协调机制的话，那么前一个问题就转化为如何选择契约的种类问题，即选用什么样的契约或组合契约；后一个问题就转化为契约中参数的取值问题。一般来说，判断供应链契约协调机制的优劣主要表现在以下三个方面：①是否能达到供应链协调；②是否能任意分配利润；③执行成本有多高。所以，契约的设计尤其是关键参数的制定并不简单，某种程度上决定了协调供应链的效果。同时，供应链的协调离不开信息技术的支持，有效协调契约的设计必须建立在各个节点企业高质量的信息传递与共享的基础之上。因此，加强企业的信息化建设，实现信息共享有利于供应链契约协调机制发挥积极作用。

三、本章小结

本章对相关理论进行阐述的基础上，重点探讨了供应链协调本质、供应链失调原因以及供应链协调机制等相关问题。由于不确定性的外部环境、供应链本身的动态性、供应链成员间的目标冲突以及信息在传递过程中的扭曲等原因造成了供应链的失调。要想提高供应链的稳定性、运作效率和整体绩效，需要对失调的供应链进行协调。本质上，供应链的协调在于信息互通、风险共担和利益共享，可以在信息化建设基础上通过契约机制设计来协调供应链的上下游，从而降低供应链的运营成本，提高供应链的整体效率和竞争力。

第三章　药品双渠道供应链影响因素分析

为了更准确界定药品双渠道供应链的影响因素，在第一章文献综述的基础上，本章分别选取了药品生产商负责人、药品销售商代表、特药公司销售主管、医院医生、医保局业务部门负责人以及部分慢性病、罕见病患者等作为访谈对象，对他们进行了深度访谈，对消费者药品的选购行为进行了问卷调研，最后对收集的访谈调研资料进行整理、分析、归纳与总结，提炼出药品双渠道供应链的重要影响因素。

一、深度访谈

深度访谈主要采用线下和线上相结合的方式进行，访谈过程中经访谈对象同意均通过录音和记录，访谈对象主要来自于南京市、合肥市的某些医药生产商、医药销售商、特药销售代表、医院、医保局以及患者本身，如表3-1所示。访谈提纲见附录 A。

表 3-1　访谈对象

访谈对象类别	访谈对象单位	访谈对象性质
药品生产商负责人	南京市某制药上市公司	单位负责人

续表

访谈对象类别	访谈对象单位	访谈对象性质
药品销售商代表	南京市某大型医药批发商	部门经理
	南京市部分药房及零售药店	销售负责人 销售人员
特药公司销售主管	某制药有限公司南京办事处	特药（格列卫）销售主管
医院医生	部分部队三甲医院	制剂科医生 口腔颌面科主治医生
	南京市部分地方三甲医院	心胸外科主治医师 儿童保健科副主任医师 针灸科副主任医师
	合肥市某三甲医院	中药房药剂师
医保局业务部门负责人	南京市医保局	某处负责人
患者	—	高血压、痛风慢性病患者
	—	慢性粒细胞白血病患者 急性淋巴细胞白血病患者

访谈问题依据不同的访谈对象而设定，主要围绕他们对药品供应链的认识、药品双渠道销售模式的看法以及药品供应链影响因素等多方面，通过 2021 年 5~8 月历时 3 个多月时间合计 24 次的深度访谈，经整理、分析和归纳访谈资料，总结出以下主要内容，并在此基础上提炼出药品双渠道供应链的重要影响因素。

（一）对药品生产商的访谈

对药品生产商的访谈，本小节主要选取了南京市一家制药上市公司作为访谈对象。该公司是一个集药品研发、生产和销售于一体的公司，作为一家大型的药品生产商，除了生产药品以外，公司还拥有 GSP 及 GLP 资质。

该公司负责人明确表示随着互联网的快速发展，制药公司的 B2B、B2C 业务未来会蓬勃发展，这个趋势和方向肯定是没有问题的。影响消费者线上购药主要有两个因素，第一个因素是药品的真正安全、可控以及普及性。因为只有当患者经过较长时间证明线上购买的药品服用之后安全性得到有效保证之后，他才会放心在线上来进行购买和使用，现在像治疗高血压、糖尿病等这类药品，线上销售的份额相对比较大。第二个因素其实是对患者整个用药反馈的及时跟进。因为患者除购药外，购药后面还有不良反应以及一些用法等用药专业上的咨询，对患者而言，这些疑问的及时反馈，也是影响线上购药的一个非常重要的因素。对于为了刺激线上销售额的增加，一般会采取哪些手段和措施？该公司负责人回答道："为了刺激线上销售额的增加，现在很多药企会在网络上进行促销动作，如会有一些让利行为或者给患者提供一些附加值、增值服务等，包括刚才我说的用药后的咨询反馈，专业医生给些建议，或者给有些患者提供俱乐部的一些活动，等等，这些都是一些常规使用的手段。"在药物研发领域，该公司负责人继续谈道："要对底层和基础研究有更多的布局和洞察，这是整个创新药研发行业当中目前的共识，以及共同的痛点。"从该公司的财务报告中我们发现，该公司研发支出占销售收入比例相对比较高，在 25%~30%。以它年销售额 50 多亿元的销售规模来计算，该公司实际上每年投资在研发上的支出应该在 13 亿~18 亿元。"药物的研发创新会对企业的绩效产生影响，尤其是对企业的长期绩效会带来关键性、重要性的影响。因为只有持续的投资研发，公司才会有创新药的诞生，这样才能在中国现在的医药社会以及商业环境中得到比较好的商业回报。当然，这需要考虑的是企业的战略定力和战略耐心，以及对企业持久现金流的考验。所以，研发创新对一个企业来说非常关键，考验也非常大。"同时，该公司负责人还说："在药物研发领域，还是希望国家能够重视基础研究，对于基础研究给予更多的配套资金支持，因为单独靠企业还是不够的，还是需要国家对于高校、科研院所以及企业这方面给予更多的支持。另外，希望国家在对创新药的医保支付方面有更长远、更深远的设计，不要坚持价格论，应该真正从支付方角度相对支持创新药的研发和商业回报。"

由此可知，B2B、B2C 销售模式未来还会有长久蓬勃的发展，药品双渠道供应链研究势在必行。影响消费者线上购药主要在于药品的安全可控以及售后服务。为了吸引消费者的线上需求，很多企业开展了线上促销努力，包括提供增值服务等。作为一家药品生产商，研发创新能力非常关键，会对企业的长期绩效带来重大影响。国家应当鼓励药企创新，特别是在基础研究方面。一方面给予资金和研发支持；另一方面要从医保支付方面做更长远的规划，以便于企业的持续创新。

（二）对药品销售商的访谈

对药品销售商的访谈，本小节主要选取了南京市某大型批发商部门负责人和8家零售药房及药店销售负责人、销售人员等作为访谈对象，调研了当前药品双渠道销售现状、人们对线上线下促销活动的反应以及药品双渠道供应链影响因素等相关问题。经访谈资料整理，得出以下主要内容：

访谈的医药批发商以医药批发及零售连锁为主营业务，年销售收入近400亿元，总资产约234亿元。2020年全流域新增经营品种5598个，合计销售约27亿元。销售近3年的创新药145个品种，销售额15.6亿元，创新药销售同比增长204.66%。全流域第二次、第三次国家集采品种引进率分别为96.8%和98.1%。下游客户中，二级以上医疗机构1650家，销售额250亿元；基层医疗机构17000家，销售额40亿元；零售连锁客户800家，销售额40亿元；单体零售药店客户13000家，销售额12亿元。

随着各行业互联网电商走进千家万户，医药电商也进入了人们的日常生活。线上线下双渠道显而易见是老牌医药批发商要走的发展道路。该医药批发商几年前就已经开始布局双渠道销售，现阶段不仅拥有自己的B2B平台，也与医药电商行业巨头在B2B、B2C、O2O各业态都有广泛而深入的合作。作为传统医药销售公司，医疗机构在公司药品销售份额占比上不可替代。但随着电商各业态的发展，截至2020年，该医药批发商零售电商平台合计订单数114.96万单，合计无税销售额约1.25亿元，第三方B2C平台销售1.07亿元，第三方O2O平台销售1268万元，自营平台销售563万元。作为线下渠道成熟的批发公司，线上渠道的覆盖更好地补充了线下渠道，而线下渠道又是线上渠道无法丢掉的基础。

当谈到哪些因素会影响到药品双渠道供应链时，该批发商被访部门经理F说道："医药行业作为专业性、特殊性较强的行业，准入门槛较高。作为医药行业新兴业态的电商业态，最大的影响因素是国家对于互联网医院及医药电商的规范与政策。其次为各药品生产企业对于传统线下医药行业与医药电商业务的重视程度与政策投入。随着互联网、通信技术革新，出现对于打破医药电商技术壁垒，产生革命性影响的因素不容忽视。"对于线上线下促销活动，被访部门经理F说道："如果患者对药品有中长期需求的话，采用线上线下促销活动是可以大大增加药品需求的，而且效果非常明显。"

面对线上渠道直销模式的发展，线下零售药店准备如何迎接挑战并成功实现转型呢？被访某大药房销售负责人 M 对此进行了回答，她说："一是通过线下不同时期的一个促销努力和提供更贴心的服务来增加消费者的黏性；二是目前医保只能线下支付也吸引了很大一批消费者仍然选择线下购药。"但同时她也说道："医保线上支付是迟早的趋势，为此，我们必须提前转型。提升自身的专业服务水平，加速'药品+服务+信息化'新型业态，利用互联网和信息化手段降低运营成本，提升消费者的满意度和黏度。"其他几家药房和药店销售人员也均表示，为了吸引线下复购率，店里经常会搞促销活动，各个时期促销活动形式也不同，这对于引导老患者来店购药还是有一定效果的，但从长期来看，仍然要以提高专业服务质量为主导。

由此可知，从药品销售商的视角来看，他们认为国家对医药电商的政策支持、药品生产企业对传统线下销售和医药电商的重视程度会影响到药品双渠道供应链的发展。同时，他们认为线上销售努力、线下促销活动以及医保政策都会影响到药品需求。

（三）对特药销售主管的访谈

对特药销售主管而言，由于他接触的更多是个体病例，所以，他非常了解患者的一些购药选择行为，也很清楚患者在购药时顾虑哪些因素。结合对访谈资料的整理与分析，得出以下主要内容：

现在中国药品的收入大部分还是来自于处方药。患者刚开始被确诊为某个疾病后对该疾病相对不了解，他肯定是听首诊医生的，那么医生给他处方以后，他会去选择这个治疗方案。在这个治疗过程中，如果说这个患者的信息相对闭塞，而且治疗方案和效果比较好的话，他可能就不会再去了解其他的渠道，而是一直听这个医生的，按这个医生的处方拿药。所以，对于一般的患者而言，药品选择行为主要受主治医生的影响。但对于一些慢性病患者或一些特种疾病患者，因为需要长期吃药，不管医保报销还是不报销，都需要自费一部分，而且大部分老百姓的医保还不是特别健全，大大增加了患者的医疗费用及药品费用负担。因此，患者会十分关心药品的价格。这个时候，药价就会成为影响他们对药品需求的关键因素。他们通常会加入各种各样的慢性病、特种疾病患者群，通过各种渠道去了解性价比较高的治疗方案。当然，在关心价格的同时，他们更关注疗效。如果目前的治疗方案不好，他们会选择换其他的治疗方案。现在新药层出不穷，治疗方案有很多，但好的治疗方案他能否承受得起是需要考虑的。新药只要能出来，治疗效果肯定比之前的药品治疗效果好，不然国家也不会批。患者一方面去了解这方面的信息，另一方面他的主治医生也会给他带来一个全新的治疗领域的拓展，让他了解。在现有治疗方案对病情控制不好的前提下，很大一部分患者会重新寻找新的治疗方案、新的药品。一方面，通过固有的渠道比如医院去买药；另一方面，可能会在线上或者说其他的药店去寻求价格更加便宜的相同治疗方案。对于慢性病患者用药，被访销售主管 J 说："你比方说降脂类的药，降血压的药、治疗糖尿病的药，有很多患者都会通过比价的方式选择在网上买还是在医院或药店买。当然，如果他的报销体系比较好，他个人支出的费用很少，他可能就不愿意去关注了，有的中老年患者可能就直接在医院拿药了。"同时，他提到："正因为患者有比价的动力，有追求更高性价比治疗方案的需求，而企业或药品代理商也希望找到这类患者，满足他们的需求，但他们之间隔了个医院的诊断。医院是对治疗方案调整的主体，它明白各个患者疾病的进程，明白应该怎样去处理，而代理商不知道，患者也不知道。但患者希望拿到更便宜价格的药品，代理商希望以这个更便宜的价格卖给患者，俗称薄利多销，这样的话代理商会有更多的盈利，而不是花费很多无关的中间费用既不能受益于药品销售方，也无益于患者。这样看来，患者和代理商双方的需求在一定程度上也成为推动医药分家的其中一个动力因素。国家好多年前就强调医药分家，包括处方药外流，其实也是为了推动医药分家，但推动起来还是有很大的难度，目前整个市场其实就是一个博弈的过程。"

所以，从特药销售主管的视角，他认为，药品价格、疗效及主治医生的建议会直接影响到患者对药品的需求。同时，他也认为医药分家在中国会是一个长期而艰巨的过程。

（四）对医院医生的访谈

对医院医生的访谈主要从医生开药、患者拿药、对药品供应链的认识、药品供应链或药品需求的影响因素分析及药品双渠道销售模式的看法等几方面进行。

从访谈中得知，医生开药肯定是以疗效为主，一般也会询问患者的经济情况，住院患者用药一般会优先考虑医保情况，门诊患者则首先考虑药效。患者在拿药方面，如果是慢性病患者一般都会直接让医生开指定药，医生如果推荐他换一种药，他一般会让医生给出一个理由，如果理由充分的话，他会考虑换药，如果没有足够的理由，患者还会选择一贯吃的药。如果是普通病患者的话，基本都会听医生推荐，或者看看说明书，当两种药疗效差不多的时候，一般都会选择性价比较高的那一种。被访医生 E 说："随着国民素质整体提高了以后，国人们拿药都是有自己想法的。"在药品供应链方面，被访医生 H 说："我们医院有中药房、西药房。中药供应链比较简单，我们只有唯一的一家供货商，医院按照消耗来订货，直接给供货商发订单，供货商发货。西药，统一招标，通过集采，按照国家医保目录里面的品种购买，这是主流。另外，还有一种个案购药，患者根据不同的需求购药，由医院联系厂家直接送到医院。"被访医生 G 说："药品购买肯定都要医院招标，中标后才能进到医院药品科，由医药公司或其他供货商统一配送到医院药房，目前我们中药房主要由一家供货商供货。"

随着互联网的快速发展，在国家深入推进"互联网+"行动计划的大背景下，"互联网+医疗"正慢慢主导着医院的进程。访谈的几家医院都设立了线上医疗平台，具有线上问诊和开药的功能。有的平台，患者可以直接从线上购药，但大部分患者不会直接在线上购买，因为线上购买的话目前医保支付还不完善。对于药品的双渠道模式销售，被访医生 I 说："线上线下各有利弊。线上的话年轻人比较推崇，线下的话老年人首选，因为毕竟能看到东西，觉得放心。其实，线上线下都挺不错的，但对于年轻人来讲，还是线上方便一点。当然平台也很重要，药品所在的平台如果是大品牌的话应该会吸引更多消费者，毕竟药品不是苹果、瓜子、花生，消费者不会随便看到一个平台就来买的。其实我觉得线上线下双渠道销售模式挺好的，单一的销售模式，销量不容易打开，线上线下同时销售，既能满足年轻人，也能满足年纪较大的人，特别是在疫情时期，我个人还是很推崇这种模式的。"对于药品供应链的影响因素，几家医院医生的回答具有一定的共性，他们认为：人们一般对疗效好的药，品牌药，进口药需求量比较大；药品质量、安全、疗效以及是否能从医保支付都会直接影响到药品需求。"如果一种药品临床不良反应很多的话，这种药肯定很快就被下架，没有市场的。药效特别好的，老病号推荐的一些口碑好质量好的药，则会很有市场，需求量大。"被访医生 K 说道。

因此，从对医院医生访谈角度来看，他们普遍认为药品的疗效、质量、品牌、医生的建议、患者的医保情况等都会影响到药品供应链，并且他们非常看好药品线上线下双渠道销售模式，认为这种销售模式可以满足更广大人民群众的需求。

（五）对医保局业务部门的访谈

对南京市医保局的访谈主要是了解目前南京市的医保覆盖面以及医保支付方面的一些政策。经访谈得知，截至 2022 年 7 月，南京市基本医疗保险参保人数是 818.57 万人，占南京市常住人口的 87% 左右。医疗保险报销分为医疗服务项目、医用耗材及药品三大类，分别有不同的报销比例，具体金额需要与医保待遇政策相结合。目前，对南京市的职工医疗保险，有一些不同的门诊特别疾病、门诊慢性病保障政策。当前，南京市还未实现线上购药医保支付政策，在"我的南京"平台上，用医保卡可以在上面十多家医院挂号。为适应时代发展，不久的将来会将功能拓展到直接在网上结算，方便患者挂号、看病及结算。现阶段，医院门诊购药只有当金额超过 1200 元，才能从医保统筹账户报销，金额没达标的话需要从医保个人账户报销；在零售药店购药直接从医保个人账户报销。了解医保支付政策可以间接了解消费者对购药渠道的选择以及渠道偏好缘由。

（六）对患者的访谈

本书主要选择了个别患慢性病或特种疾病的患者作为访谈对象，进行了深度访谈，了解他们的购药渠道以及选择药品时所考虑的因素。其中在对一位 71 岁高血压病患者（25 年高血压病史，8 年前患过脑梗，并且伴有痛风 16 年）的访谈中，他笑称自己要终生服药，他的购药渠道主要是医院和零售药店，因为可以医保支付，从未考虑过线上购药。选择药品时主要考虑的就是药品质量、安全、疗效和对身体的不良影响。他说道："我刚开始被确诊为高血压时，用的是罗布麻，吃了 3 年后发现药效不是特别好，血压一直没控制好。于是，我又换了卡托普利。但这个药吃了一段时间，身体吃不消，经医生推荐，又换成了络活喜，一直吃到现在。"所以，他认为患者选药当然首先听医生的建议，但主要还要看是否适合自己，比如都是高血压患者，年轻人和老年人选择的药就不一样。在对一位患慢性粒细胞白血病患者的访谈中，她直言："这个病是个烧钱的病，买药渠道有双通道，可以从定点特药线下药店买，也可以从医院买，费用通过 DRG 付费模式由医保统筹账户支付，但自己每个月仍需承担 2000~3000 元左右的药费。由于需要医保支付，所以，不可能从网上购买。"而在对另一位急性淋巴细胞白血病患者的访谈中，他则表示，买特药他最看重的两个因素，一个是价格，另一个就是渠道。

由此可知，对于慢性病患者和特种疾病患者而言，医生建议、药品质量、安全、疗效决定了对药品的需求，而医保线下支付决定了他们的渠道偏好。在深度访谈的基础上，本书精心设计了调研问卷，了解更多消费者（包含病患者）在购药过程中的选择以及选购药品时所受的影响因素。

二、问卷调研

本次问卷调研采用问卷星线上完成，共回收有效样本 123 份。其中，0~20 岁占比为 7.32%，20~30 岁占比为 8.94%，30~50 岁占比为 65.85%，50~70 岁占比为 17.89%；学历中高中及高中以下、大专、本科、研究生四个层次各占一定比例，分别为 44.72%、26.02%、23.58%、5.69%；身体健康状况中健康的、患慢性病的、患特种疾病的、常患各种小病的各占一定的比例，分别为 71.54%、16.26%、8.94%、3.25%。由此可知，样本本身具有一定的代表性。

选购药品不是一次普通的消费经历，患者也并非普通意义上的消费者。人们对于药品的选购尤其谨慎。那么购买药品时，人们会如何选购，通过什么渠道购买，而购买过程中会关注哪些因素？本次调研结果显示，选购药品时，91.06%的人都会根据医生指导购药。最常见的购药渠道就是上医院，占比 40.65%，28.46%的人会选择线上购药，22.76%的会选择零售药店购药，还有 8.13%的会选择附近诊所购药。由这个比例可知，线上购药模式已在消费者中普及，选择线上购药的比例甚至超过了线下零售药店的购药比例。出现这种情况的可能原因在于样本的年龄分布。因为 30～50 岁调研对象占比 65.85%，这些人正处于青壮年，愿意接受新事物，且工作繁忙。所以，在选购药品时，除选择医院外，更多的人选择直接在线上购药。他们选择线上购药的主要原因在于方便，直接送到家（85.71%），其他的原因还有包括像药品种类齐全（51.43%），病情不严重（45.71%）以及线上药品价格便宜（31.43%）等。而在购药过程中最优先考虑的因素是什么？84.55%的人选择了质量、安全和疗效。其中，首选"质量和安全"的比例超过首选"疗效"的比例 3 个百分点。为什么人们执着追求药品的质量和安全呢？因为药企在实际生产过程中，由于不同企业质量管理不同，在执行相关制度、工艺要求等方面存在差异，导致其产品质量不同而影响疗效或容易发生药物不良反应。根据调研得知，只要企业的药品被曝光质量不好，存在安全隐患或其他瑕疵问题，99.19%的消费者选择不会再买，这也说明消费者对于药品质量和安全的重视。超过一半的被调研者认为，药品的安全责任主要在于企业。所以，药品生产企业对于药品的质量、安全把控至关重要。除质量、安全和疗效等因素外，品牌和厂家、价格、口碑以及购药渠道也是消费者通常考虑的因素。相比 78.05%的人选择质量和安全，选择品牌和厂家的有 52.03%，而选择价格为考虑因素的只有 48.78%。考虑知名品牌，实质也是对药品质量层面安全性的关注。因为知名企业有更加严格的质量管控和更好的制造工艺。但随着人们生活水平的上升和可支配收入的明显提高，药品价格已经不再是消费者关注的首要因素了。被访的某部队医院制剂科医生就说道："药品作为治疗疾病、保障身体健康的特殊商品，在治病救人时，价格因素确实不应作为比较重要的购药标准；而治疗效果、是否安全则是最需要关注的问题。"另外，随着医改的深入，医疗保险覆盖的不断扩大，百姓对常见疾病治疗中药品费用的负担已有所减轻，价格因素就不是最突出的问题了。所以，对于疗效快价格较贵的药品和疗效慢但价格便宜的药品，有 82.11%的人都选择了前者，只有 17.89%的人选择了价格便宜的药品。

　　患者与药品销售方或医生之间存在必然的、多方面的信息不对等。并且，患者不是普通的消费者，如果药品选购不当，有可能造成患者身体健康不可逆的损害。那么，选购药品时，人们以什么作为选购标准呢？安全有效的药品，就是患者心中选购药品的第一"标尺"。利于百姓健康的"放心药"应该是国家正规生产企业生产的药品，在使用上首先是安全的，其次是疗效确切、支付方在经济上可负担的药品。

本次问卷调研还涉及消费者对线下零售药店促销行为的关注和对 OTC 药品广告的看法。超过 80% 的消费者认为不太会关注药店的促销行为。这么高的比例显然也和样本的选取有关。因为样本中身体健康的消费者占比 71.54%，他们一般不怎么会跑到药店，自然不会关注到药店的促销行为。如果样本人员结构不一样，如患病比例数量增加，那这个关注比例应该会更高。在对 OTC 药品的广告上，超过一半的被调研者对介绍药效的广告更感兴趣，更能激发他们买药（比如家庭常备药，像感冒药、肠胃药、消炎药等）的欲望。

通过问卷调研我们发现，从消费者的角度来看，药品的质量、安全、疗效、品牌、价格和购药渠道都会影响到他们对药品的需求；对于消费者中的病患者，相比健康人而言他们会更加关注销售方的促销活动。

三、本章小结

本章主要基于深度访谈和对消费者药品选购行为的问卷调研等方式，从药品生产商、药品销售商、特药销售主管、医院、医保局、消费者等多个主体视角探讨了他们对药品供应链的认识、线上线下双渠道销售模式的看法以及对药品供应链影响因素的认知。经研究得知，从药品生产企业视角，它们认为药品的安全可控、企业的促销努力会影响到药品的需求，研发创新会影响到企业的长期绩效；从药品流通企业视角，它们认为药品的质量、安全、疗效、品牌，国家的政策支持，线上线下销售努力，医保线下支付等会影响到药品的需求和医药电商的发展；从消费者视角，他们认为在选购药品过程中，不仅考虑药品的质量与安全、疗效与口碑，同时也考虑药品的价格与购药渠道。消费者关心销售方的促销活动，也关注介绍药品药效的宣传广告。无论是药品生产企业还是药品流通企业，包括医院，它们普遍看好药品线上线下双渠道销售模式，认为这种销售模式可以满足更广大人民群众的需求。考虑到药品生产企业和药品流通企业线上销售主要通过第三方平台进行，因此，本书也将第三方平台扣费率作为影响药品双渠道供应链的其中一个因素，主要研究药品质量、医保政策、线上线下促销努力、研发创新以及第三方平台扣费率等多个因素对药品双渠道供应链的影响，探讨在此影响下药品双渠道供应链的协调决策问题。

第四章　考虑医药产品质量和促销行为双重影响下的药品双渠道供应链协调决策研究

随着互联网的不断发展，网上医药渠道在许多国家都得到了快速的拓展，随之而来的是网络直销渠道和线下传统渠道存在较多的利益摩擦与管理问题。如何发挥双渠道优势，实现双渠道共赢是当前迫切需要解决的现实问题。本章以医药生产商为主导的二级药品双渠道供应链为研究对象，鉴于对药品质量要求极高、安全第一的特性，综合考虑医药产品质量和医药零售商促销行为对供应链的影响，对比分析合作决策模型和分散决策模型，论证了构建契约协调模型的必要性；从供应链成员合作和利润最大化的角度出发，设计了"收益共享+数量折扣"的组合契约机制来实现供应链的协调，并提出了管理上的建议。

一、问题分析

随着国家"健康中国"战略和医改政策的落实深化，医药流通模式发生了重大的变化，特别是药品"两票制"、疫苗"一票制"、"4+7"带量采购、"药品第三方物流审批取消"和"互联网药品交易 A、B、C 证取消"等系列政策的推进，以及新技术的应用，医药生产商以更加扁平化的方式实现更广的覆盖、更深的下沉，通过线上线下，重新布局销售渠道，全面实现 B 端和 C 端、医和药的融合发展，从而缩减医药流通中间环节，优化供应链，为大众就医买药提供实惠和方便[197-199]。2020 年以来，碧生源、合生元、杨森、华润三九、江中、众生药业、天士力、斯利安等药企纷纷与电商平台合作，积极开辟网络渠道销售药品，以满足市场需求。医药企业通过线上渠道销售药品，既能降低销售成本，同时也能丰富药品供给，使更多的好药走进千家万户，惠及更多患者。医药生产商在原来传统渠道的基础上新建一条电子渠道来直接参与市场，和医药零售商之间的渠道冲突是不可避免的，两者之间的关系就由原来的合作关系转变为现在的竞争和合作关系，在一定程度上挤压了医药零售商的销售空间[200]。这样一来，医药零售商必定需要通过更多的促销行为，提供更贴心的服务，探索新型业务模式，才能提升复购率和顾客黏性，零售终端价值才会凸显。因此，以医药生产商为主导的双渠道销售模式下，有必要考虑医药零售商的促销行为和服务质量对药品供应链的影响。

药品是一项非常特殊的商品，药品质量的优劣，不仅关系人民群众生命健康、生活质量，还事关国家战略安全。新修订的《药品管理法》强调"保障药品的安全、有效、可及"；新制定的《疫苗管理法》强调"不断提升疫苗生产工艺和质量水平"；党的十九大报告要求"健全药品供应保障制度"；《"健康中国 2030"规划纲要》提出"深化药品、医疗器械流通体制改革""强化药品安全监管"。国务院办公厅在 2022 年 5 月 20 日发布《"十四五"国民健康规划》，要求"完善国家药品标准体系，推进仿制药质量和疗效一致性评价，构建药品和疫苗全生命周期质量管理机制"。近年来，随着国民生活水平的不断提升，人们对健康生活、生命品质的追求越来越高，对药品的质量和安全越来越关注，任何有助于在不损害药品安全的情况下提高药品质量的进步都将被业界广泛接受。Yu 和 Woodcock（2015）[201] 认为促进和鼓励采用新兴制药技术，可以提高制药质量。对于患者而言，能够获得负担得起安全、有效和有质量保证的药品，对于取得良好的健康结果至关重要（Toroitich 等，2022）[202]。Sizova 等（2021）[203] 认为药品质量的保证有助于提高患者对药物的依赖性，改善患者的生活质量，从而提高对药物的需求。Flavin 等（2022）[204] 强调药品供应链上的每个利益相关者都有责任为保持药品质量尽自己的一份力。因此，在研究药品双渠道供应链时，有必要考虑药品质量对供应链的影响。但结合第一章文献综述中的内容可知，目前国内外文献中鲜有学者将药品质量作为供应链的一个影响因素来进行探讨与研究。

本章的主要贡献在于：①研究了药品的双渠道销售模式；②同时考虑了医药生产商提高药品质量水平和医药零售商提升促销努力行为对双渠道供应链的影响；③对比分析了分散决策和合作决策下相关指标值，设计了基于"收益共享+数量折扣"的组合契约机制来协调和优化供应链，并通过算例分析验证了这种契约协调的有效性。

二、模型描述与基本假设

（一）药品双渠道供应链模式

本章研究由一家医药生产商和一家医药零售商组成的二级药品双渠道供应链模式。其中，医药生产商分别通过医药零售商和网络销售平台线上线下销售药品，为了刺激药品需求，提高盈利能力，医药生产商不断提高药品质量水平。对医药零售商而言，鉴于线上网络销售的便利性以及价格的竞争性，势必会分流线下一部分消费者，为了留住客户，扩大销售额，医药零售商不断提高促销水平。比如，由于药品的特殊性，需要有严格的用药指导，线上客服无法直接面对患者，而线下药店则可以配备有经验的药师直接指导患者用药，或者配备营养师为患者制定健康方案。有的药店甚至聘请医院专家坐诊，吸引患者。此外，药店还可以提供各种检测仪器，增加免费试饮试吃免费体验区，给消费者提供增值服务，从而提高消费者的黏度和忠诚度。正如 Pal 等（2021）[205] 所认为的，在零售渠道，消费者可以通过零售服务和直接接触产品而获益。

在此背景下，药品双渠道供应链模式如图 4-1 所示。设定线上、线下药品基本需求量分别为 a、b。医药生产商同时提供线上线下销售，线上通过网络销售平台以 P_e 价格直接将医药产品销售给患者，线下以批发价格 w 将医药产品批发给医药零售商，医药零售商再以零售价 P_t 零售给患者。

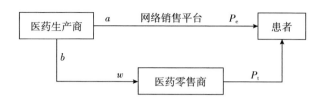

图 4-1　药品双渠道供应链模式

（二）参数设置与需求模型

基于以上药品双渠道供应链模式，设置参数如表 4-1 所示。

表 4-1　参数说明

决策变量	说明
P_t	线下传统渠道医药零售商单位药品零售价
P_e	线上直销渠道单位药品直销价
Q_t	线下传统渠道药品需求量
Q_e	线上直销渠道药品需求量
θ	收益共享分配比例，$0<\theta<1$
β	数量折扣因子
e_1	医药生产商提高药品质量所耗费的努力程度
e_2	医药零售商促销努力程度
其他参数	说明
C	医药生产商单位药品生产成本
w	医药零售商单位药品批发价格
μ	患者对医药产品价格的敏感系数
δ	两个渠道的交叉价格弹性系数，其中，$\mu>\delta$
λ_1	线上线下渠道需求对药品质量努力程度的敏感度
λ_2	线下渠道需求对医药零售商促销努力程度的敏感度
Pi_md	医药生产商分散决策下期望利润
Pi_rd	医药零售商分散决策下期望利润
Pi_d	分散决策下药品供应链系统总利润
Pi_c	合作决策下药品供应链系统总利润

假定药品市场需求同时受药品质量水平、医药零售商促销努力以及终端销售价格的影响，采用线性需求函数来描述药品线上、线下渠道的需求量 Q_e、Q_t：

$$Q_e = a - \mu P_e + \delta P_t + \lambda_1 e_1 \tag{4-1}$$

$$Q_t = b - \mu P_t + \delta P_e + \lambda_1 e_1 + \lambda_2 e_2 \tag{4-2}$$

（三）基本假设

为了便于模型分析，假设条件如下：

假设1：药品种类繁多，本书中仅考虑一种药品的销售。

假设2：为了便于模型分析，本书中假设线下传统渠道药品的订购量恰好等于市场需求量，忽略库存药品持有成本及残值，也不考虑药品缺货及缺货成本。

假设3：本书中不考虑网络销售平台收取的佣金。

假设4：医药供应链成员风险中性，各自以追求自身利益最大化为目标。

假设5：医药生产商对药品的质量努力程度决定了药品的质量。以 s_1 表示医药生产商提高药品质量所耗费的成本，$s_1 = \frac{1}{2} k_1 (e_1 - h)^2$，$h$ 表示医药生产商为保证药品基本质量所付出的努力，k_1 表示与药品质量努力程度相关的系数。k_1，$h > 0$，且为常数，$e_1 > h$。医药生产商提高药品质量所耗费的成本随着药品质量水平的变化而变化，两者呈现正相关关系。线下传统销售渠道与线上直销渠道药品的需求量均受 e_1 的影响，e_1 越大，线上线下需求量均越大。

假设6：线下销售渠道的需求量除受药品质量水平影响外，同时受医药零售商促销努力程度的影响。医药零售商销售越努力，线下需求量越大，反之，则越低。同时，医药零售商销售越努力，所耗成本越高。以 s_2 表示医药零售商促销努力成本，$s_2 = \frac{1}{2} k_2 e_2^2$，$k_2$ 表示与促销努力程度相关的系数。$k_2 > 0$，且为常数。

三、决策模型建立与分析

（一）合作决策模型

在合作决策模型中，医药生产商、医药零售商作为一个供应链整体系统，两者共同合作使医药供应链系统整体利润达到最优，此时供应链系统整体利润函数可以表示为：

$$Pi\_c = (P_e - C)(a - \mu P_e + \delta P_t + \lambda_1 e_1) + (P_t - C)$$
$$(b - \mu P_t + \delta P_e + \lambda_1 e_1 + \lambda_2 e_2) - \frac{1}{2}k_1(e_1 - h)^2 - \frac{1}{2}k_2 e_2^2 \qquad (4-3)$$

将 P_e、P_t、e_1、e_2 作为决策变量，以系统整体利润最大化为原则进行决策。

首先对式（4-3）中的 P_e 求二阶偏导，得 $\frac{\partial^2 Pi\_c}{\partial P_e^2} = -2\mu < 0$，说明合作决策下供应链整体利润 Pi_c 是决策变量 P_e 的凹函数，当 $\frac{\partial Pi\_c}{\partial P_e} = 0$ 时，P_e 存在唯一最优解。

令 $\frac{\partial Pi\_c}{\partial P_e} = 0$，即 $a - 2\mu P_e + \delta P_t + \lambda_1 e_1 + \mu C + \delta(P_t - C) = 0$，解出：

$$P_e = \frac{a + \lambda_1 e_1 + (\mu - \delta)C}{2\mu} + \frac{\delta}{\mu}P_t \qquad (4-4)$$

对式（4-3）中的 P_t 求二阶偏导，得 $\frac{\partial^2 Pi\_c}{\partial P_t^2} = -2\mu < 0$，说明合作决策下供应链整体利润 Pi_c 是决策变量 P_t 的凹函数，当 $\frac{\partial Pi\_c}{\partial P_t} = 0$ 时，P_t 存在唯一最优解。

令 $\frac{\partial Pi\_c}{\partial P_t} = 0$，即 $(P_e - C)\delta + b - 2\mu P_t + \delta P_e + \lambda_1 e_1 + \lambda_2 e_2 + \mu C = 0$，解出：

$$P_t = \frac{b + \lambda_1 e_1 + \lambda_2 e_2 + (\mu - \delta)C}{2\mu} + \frac{\delta}{\mu}P_e \qquad (4-5)$$

继续对式（4-3）中的 e_1 求二阶偏导，得到 $\frac{\partial^2 Pi\_c}{\partial e_1^2} = -k_1 < 0$，说明合作决策下供应链整体利润 Pi_c 是决策变量 e_1 的凹函数。

令 $\frac{\partial Pi\_c}{\partial e_1} = 0$，即 $(P_e - C)\lambda_1 + (P_t - C)\lambda_2 - k_1(e_1 - h) = 0$，得到供应链整体利润 Pi_c 最大化下医药生产商提供的最佳医药产品质量努力程度为：

$$e_1 = \frac{(P_e + P_t - 2C)\lambda_1}{k_1} + h \qquad (4-6)$$

对式（4-3）中的 e_2 求二阶偏导，得到 $\dfrac{\partial^2 Pi\_c}{\partial e_2^2}=-k_2<0$，说明合作决策下供应链整体利润 Pi_c 是决策变量 e_2 的凹函数。

令 $\dfrac{\partial Pi\_c}{\partial e_2}=0$，即 $(P_t-C)\lambda_2-k_1e_2=0$，得到供应链整体利润 Pi_c 最大化下的医药零售商提供最佳促销努力程度为：

$$e_2=\frac{(P_t-C)\lambda_2}{k_2} \tag{4-7}$$

联立式（4-4）~式（4-7），设定：

$$X=4k_2\lambda_1(\mu+\delta)-4k_1k_2(\mu^2-\delta^2)-\lambda_1\lambda_2+2k_1\lambda_2\mu$$

解得：

$$P_t^*=\frac{k_2\lambda_1(b-a)-C\lambda_1\lambda_2^2-2bk_1k_2\mu+2Ck_1k_2(\delta^2-\mu^2)+2k_2\lambda_1(\mu+\delta)(2C\lambda_1-hk_1)+2Ck_1\mu\lambda_2^2-2ak_1k_2\delta}{X} \tag{4-8}$$

$$P_e^*=\frac{ak_1\lambda_2+k_2\lambda_1(a-b)+C\lambda_1\lambda_2(\lambda_2-2\lambda_1)-2ak_1k_2\mu+hk_1\lambda_1\lambda_2+2C\delta(k_1k_2\delta+k_1\lambda_2^2+2k_2\lambda_1^2)}{X}+$$
$$\frac{2Ck_2\mu(2\lambda_1^2-k_1\mu)-Ck_1\lambda_2(\delta-\mu)-2b\delta k_1k_2-2hk_1k_2\lambda_1(\mu+\delta)}{X} \tag{4-9}$$

$$e_1^*=\frac{C\lambda_2(\mu-\delta)+a\lambda_2-2(\mu+\delta)[k_2(a+b)-C\lambda_2^2]+2\lambda_2\mu(hk_1-2C\lambda_1)+4k_2(\mu^2-\delta^2)(2C\lambda_1-hk_1-C)}{X} \tag{4-10}$$

$$e_2^*=\frac{\lambda_1(b-a)-2k_1(a\delta+b\mu)+2Ck_1(\mu^2-\delta^2)(2\lambda_2-1)+2\lambda_1(\mu+\delta)(2C\lambda_1-2C\lambda_2-hk_1)}{X} \tag{4-11}$$

将式（4-8）~式（4-11）代入式（4-3），得到合作决策下药品双渠道供应链系统最大化利润为：

$$Pi\_c^*=\left[\frac{\mu a+\delta b+(\mu+\delta)\lambda_1e_1^*+\delta\lambda_2e_2^*}{2(\mu^2-\delta^2)}-\frac{C}{2}\right]\frac{a+\lambda_1e_1^*-(\mu-\delta)C}{2}+$$
$$\left[\frac{\mu b+\delta a+(\mu+\delta)\lambda_1e_1^*+\mu\lambda_2e_2^*}{2(\mu^2-\delta^2)}-\frac{C}{2}\right]\frac{b+\lambda_1e_1^*+\lambda_2e_2^*-(\mu-\delta)C}{2}-$$

$$\frac{1}{2}k_1(e_1^*-h)^2-\frac{1}{2}k_2e_2^{*2} \tag{4-12}$$

该最大化利润表示成函数：

$$Pi\_c^*=Pi\_c^*(P_t^*、P_e^*、e_1^*、e_2^*) \tag{4-13}$$

（二）分散决策模型

在分散决策下，医药供应链成员都努力追求自身利益最大化导致双重边际效应存在。假定医药生产商拥有医药供应链的优先定价权，优先制定批发价 w 和线上直销价 P_e，医药零售商根据医药生产商制定的批发价和自身的促销努力程度制定终端零售价 P_t。此时，医药零售商的期望利润为：

$$Pi\_rd=(P_t-w)(b-\mu P_t+\delta P_e+\lambda_1e_1+\lambda_2e_2)-\frac{1}{2}k_2e_2^2 \tag{4-14}$$

医药生产商的期望利润为：

$$Pi\_md=(P_e-C)(a-\mu P_e+\delta P_t+\lambda_1e_1)+(w-C)(b-\mu P_t+\delta P_e+\lambda_1e_1+\lambda_2e_2)-$$
$$\frac{1}{2}k_1(e_1-h)^2 \tag{4-15}$$

根据 Stackelberg 模型，采用逆向推导法，对式（4-14）中的 P_t 求二阶偏导，得到 $\frac{\partial^2 Pi\_rd}{\partial P_t^2}=-2\mu<0$，说明分散决策下线下医药零售商利润 Pi_rd 是决策变量 P_t 的凹函数。当 $\frac{\partial Pi\_rd}{\partial P_t}=0$ 时，Pi_rd 达到最大。此时，$b-2\mu P_t+\delta P_e+\lambda_1e_1+\lambda_2e_2+\mu w=0$，解得：

$$P_t=\frac{b+\delta P_e+\lambda_1e_1+\lambda_2e_2+\mu w}{2\mu} \tag{4-16}$$

将式（4-16）中的 P_t 代入式（4-15）中，医药生产商利润可以表示为：

$$Pi\_md=(P_e-C)\left(a+\frac{\delta b+\mu\delta w+(2\mu+\delta)\lambda_1e_1+\delta\lambda_2e_2}{2\mu}+\frac{\delta^2}{2\mu}P_e-\mu P_e\right)+(w-C)$$
$$\frac{b+\delta P_e+\lambda_1e_1+\lambda_2e_2-\mu w}{2}-\frac{1}{2}k_1(e_1-h)^2 \tag{4-17}$$

对式（4-17）中的 P_e 求二阶偏导，得到 $\frac{\partial^2 Pi\_md}{\partial P_e^2}=\frac{\delta^2}{\mu}-2\mu<\frac{\mu^2}{\mu}-2\mu<0$，说明

分散决策下医药生产商利润 Pi_md 是决策变量 P_e 的凹函数。

当 $\dfrac{\partial Pi\_md}{\partial P_e}=0$ 时，Pi_md 达到最大。此时，

$$a+\frac{\delta b+\mu\delta w+(2\mu+\delta)\lambda_1 e_1+\delta\lambda_2 e_2}{2\mu}-\frac{\delta^2}{2\mu}C+\mu C+(w-C)\frac{\delta}{2}+\frac{\delta^2}{\mu}P_e-2\mu P_e=0。$$

令 $A=\dfrac{2\mu a+\delta b+2\mu\delta w+(2\mu^2-\delta^2-\mu\delta)C}{4\mu^2-2\delta^2}$，则求出最佳 P_e 为：

$$P_e^{**}=A+\frac{2\mu+\delta}{4\mu^2-2\delta^2}\lambda_1 e_1+\frac{\delta}{4\mu^2-2\delta^2}\lambda_2 e_2 \tag{4-18}$$

将式（4-18）代入式（4-16）中，得到最佳 P_t 为：

$$P_t^{**}=\frac{b+\lambda_1 e_1+\lambda_2 e_2+\mu w}{2\mu}+\frac{\delta}{2\mu}\left(A+\frac{2\mu+\delta}{4\mu^2-2\delta^2}\lambda_1 e_1+\frac{\delta}{4\mu^2-2\delta^2}\lambda_2 e_2\right) \tag{4-19}$$

命题1：分散决策下，当医药零售商的促销努力程度固定时，医药生产商在一定范围内提高医药产品质量努力水平可以提升医药生产商的线上直销量和利润，同时提高线下医药零售商的销售量和利润。当 $h\leq e_1\leq e_1^{**}$ 时，医药生产商的利润随着提高医药产品质量努力水平的增强而增强；当 $e_1=e_1^{**}$ 时，医药生产商的利润达到最大化；当 $e_1>e_1^{**}$ 时，医药生产商的利润会随着提高医药产品质量努力水平的增强逐渐降低。此时，提高医药产品质量的努力水平所耗费的边际成本已经超过了医药产品质量提升给医药生产商带来的边际收益。

证明：将式（4-18）和式（4-19）代入式（4-1）和式（4-2），得到：

$$Q_e^{**}=\frac{2\mu a+\delta b+\mu\delta w}{2\mu}+\frac{2\mu+\delta}{2\mu}\lambda_1 e_1+\frac{\delta}{2\mu}\lambda_2 e_2+\left(\frac{\delta^2}{2\mu}-\mu\right)$$

$$\left(A+\frac{2\mu+\delta}{4\mu^2-2\delta^2}\lambda_1 e_1+\frac{\delta}{4\mu^2-2\delta^2}\lambda_2 e_2\right) \tag{4-20}$$

$$Q_t^{**}=\frac{b+\lambda_1 e_1+\lambda_2 e_2-\mu w}{2}+\frac{\delta}{2}\left(A+\frac{2\mu+\delta}{4\mu^2-2\delta^2}\lambda_1 e_1+\frac{\delta}{4\mu^2-2\delta^2}\lambda_2 e_2\right) \tag{4-21}$$

在式（4-20）中，$\dfrac{\partial Q_e^{**}}{\partial e_1}=\dfrac{2\mu+\delta}{2\mu}\lambda_1+\left(\dfrac{\delta^2}{2\mu}-\mu\right)\dfrac{2\mu+\delta}{4\mu^2-2\delta^2}\lambda_1=\dfrac{2\mu+\delta}{4\mu}\lambda_1>0$，说明随着 e_1 不断增大，线上直销量 Q_e 也不断增大。

同理，在式（4-21）中，$\dfrac{\partial Q_t^{**}}{\partial e_1}=\dfrac{\lambda_1}{2}+\dfrac{\delta}{2}\times\dfrac{2\mu+\delta}{4\mu^2-2\delta^2}\lambda_1>0$，说明随着 e_1 不断增

大，线下销量 Q_t 也不断增大。

对式（4-14）中的 e_1 求一阶偏导数，得到 $\frac{\partial Pi\_rd}{\partial e_1} = (P_t - w)\lambda_1 > 0$，说明随着医药生产商对医药产品质量的努力水平 e_1 不断提升，医药零售商的利润也不断提升。

对式（4-15）中的 e_1 求二阶偏导，得到 $\frac{\partial^2 Pi\_md}{\partial e_1^2} = -k_1 < 0$，说明分散决策下医药生产商利润 Pi_md 是决策变量 e_1 的凹函数，当 $\frac{\partial Pi\_md}{\partial e_1} = 0$，即

$(P_e - C)\lambda_1 + (w - C)\lambda_1 - k_1(e_1 - h) = 0$ 时，医药生产商利润达到最大，此时，

$$e_1^{**} = \frac{(P_e + w - 2C)\lambda_1}{k_1} + h \tag{4-22}$$

说明医药生产商提高医药产品质量努力程度达到最优。在 $h < e_1 < e_1^{**}$ 范围内，随着 e_1 的不断增强，医药生产商利润不断提高；当 $e_1 = e_1^{**}$ 时，医药生产商利润达到最大；当 $e_1 > e_1^{**}$ 时，提高医药产品质量努力水平所耗费的成本已经超过了医药产品质量提升给医药生产商带来的收益，从而使医药生产商的利润逐渐降低。因此，命题1得证。

命题2：分散决策下，当医药生产商对提升医药产品的质量努力程度固定时，医药零售商在一定范围内提高促销努力程度可以提升医药零售商的销售量和利润，同时，也可以提升医药生产商的利润。当 $0 \leqslant e_2 \leqslant e_2^{**}$ 时，医药零售商的利润随着促销努力程度的增强而增大；当 $e_2 = e_2^{**}$ 时，医药零售商的利润达到最大化；当 $e_2 > e_2^{**}$ 时，医药零售商的利润会随着促销努力程度的增强逐渐降低。此时，医药零售商促销努力程度增强所耗费的边际成本已经超过了由于促销努力提升给企业带来的边际收益。

证明：对式（4-21）的 e_2 求一阶偏导，得到 $\frac{\partial Q_t^{**}}{\partial e_2} = \frac{\lambda_2}{2} + \frac{\delta}{2} \times \frac{\delta}{4\mu^2 - 2\delta^2}\lambda_2 > 0$，说明随着 e_2 不断增大，线下销售量 Q_t 也不断增大。

对式（4-17）中的 e_2 求一阶偏导，得到 $\frac{\partial Pi\_md}{\partial e_2} = (P_e - C)\frac{\delta}{2\mu} + (w - C)\frac{\lambda_2}{2} > 0$，

说明随着医药零售商不断提高促销努力水平 e_2，医药生产商的利润也在不断提升。

继续对式（4-14）中的 e_2 求二阶偏导，得到 $\dfrac{\partial^2 Pi\_rd}{\partial e_2^2}=-k_2<0$，说明分散决策下医药零售商利润 Pi_rd 是决策变量 e_2 的凹函数。

令 $\dfrac{\partial Pi\_rd}{\partial e_2}=0$，得到 $(P_t-w)\lambda_2-k_2 e_2=0$，求出，

$$e_2^{**}=\frac{(P_t-w)\lambda_2}{k_2} \tag{4-23}$$

此时，医药零售商促销努力程度达到最优。在 $0<e_2<e_2^{**}$ 时，医药零售商的利润随着 e_2 的不断增强而不断增大；当 $e_2=e_2^{**}$ 时，医药零售商利润达到最大；当 $e_2>e_2^{**}$ 时，通过提高促销努力程度给医药零售商带来的收益小于医药零售商提高促销努力所增加的成本，从而使医药零售商的利润逐渐降低。因此，命题 2 得证。

命题 3：合作决策下的医药产品质量努力程度、促销努力程度、供应链整体利润均要优于分散决策下各项指标，即 $e_1^*>e_1^{**}$，$e_2^*>e_2^{**}$，$Pi\_c^*>Pi\_d^*$。当 e_2 固定时，对于任意的 $h<e_1^{**}<e_1^*$，恒有 $Pi\_d(h,e_2)<Pi\_d(e_1^{**},e_2)<Pi\_d(e_1^*,e_2)$。当 e_1 固定时，对于任意的 $0<e_2^{**}<e_2^*$，恒有 $Pi\_d(e_1,0)<Pi\_d(e_1,e_2^{**})<Pi\_d(e_1,e_2^*)$。

证明：比较合作决策下的 e_1^* $\left(e_1^*=\dfrac{(P_e+P_t-2C)\lambda_1}{k_1}+h\right)$ 和分散决策下的 e_1^{**} $\left(e_1^{**}=\dfrac{(P_e+w-2C)\lambda_1}{k_1}+h\right)$，很明显，由于 $P_t>w$，所以 $e_1^*>e_1^{**}$。

同理，比较合作决策下的 e_2^* $\left(e_2^*=\dfrac{(P_t-C)\lambda_2}{k_2}\right)$ 和分散决策下的 e_2^{**} $\left(e_2^{**}=\dfrac{(P_t-w)\lambda_2}{k_2}\right)$，很明显，由于 $C<w$，所以，$e_2^*>e_2^{**}$。

由于 $Pi\_c^*=(P_e^*-C)Q_e^*+(P_t^*-C)Q_t^*-\dfrac{1}{2}k_1(e_1^*-h)^2-\dfrac{1}{2}k_2 e_2^{*2}$ $\tag{4-24}$

$$Pi\_d^* = Pi\_md^* + Pi\_rd^* = (P_e^{**} - C)Q_e^{**} + (P_t^{**} - C)Q_t^{**} - \frac{1}{2}k_1(e_1^{**} - h)^2$$

$$-\frac{1}{2}k_2 e_2^{**\,2} \tag{4-25}$$

利用 Visual Studio 2019 编程比较两者间的关系（源程序见附录 B），从而推导出：$Pi\_c^* > Pi\_d^*$。

由此可知，分散决策下医药生产商的最优医药产品质量努力程度和医药零售商的最优促销努力程度以及分散决策下的最优供应链整体利润均小于合作决策下对应的值。

又由于分散决策下，供应链整体利润函数：$Pi\_d = Pi\_md + Pi\_rd = (P_e - C)$ $Q_e + (P_t - C)Q_t - \frac{1}{2}k_1(e_1 - h)^2 - \frac{1}{2}k_2 e_2^2$ 为参数 e_1、e_2 的凹函数，并且在 e_1^*、e_2^* 处取得最大值，$e_1^{**} < e_1^*$，$e_2^{**} < e_2^*$，所以，$Pi\_d(h, e_2) < Pi\_d(e_1^{**}, e_2) < Pi\_d(e_1^*, e_2)$，$Pi\_d(e_1, 0) < Pi\_d(e_1, e_2^{**}) < Pi\_d(e_1, e_2^*)$。故此命题得证。

将 P_t^{**}、P_e^{**}、Q_e^{**}、Q_t^{**}、e_1^{**}、e_2^{**} 分别代入式（4-14）、式（4-15）可得，分散决策下，医药零售商、医药生产商的利润分别为：

$$Pi\_rd^* = (P_t^{**} - w)Q_t^{**} - \frac{1}{2}k_2 e_2^{**\,2} = \left(\frac{b + \lambda_1 e_1^{**} + \lambda_2 e_2^{**} + \mu w}{2\mu} + \frac{\delta}{2\mu}P_e^{**} - w\right)$$

$$\left(\frac{b + \lambda_1 e_1^{**} + \lambda_2 e_2^{**} - \mu w}{2} + \frac{\delta}{2}P_e^{**}\right) - \frac{1}{2}\frac{\lambda_2^2}{k_2}\left(\frac{b + \lambda_1 e_1^{**} + \lambda_2 e_2^{**} + \mu w}{2\mu} + \frac{\delta}{2\mu}P_e^{**} - w\right)^2 \tag{4-26}$$

$$Pi\_md^* = (P_e^{**} - C)Q_e^{**} + (w - C)Q_t^{**} - \frac{1}{2}k_1(e_1^{**} - h)^2$$

$$= (P_e^{**} - C)\left[\frac{2\mu a + \delta b + \mu\delta w}{2\mu} + \frac{2\mu + \delta}{2\mu}\lambda_1 e_1^{**} + \frac{\delta}{2\mu}\lambda_2 e_2^{**} + \left(\frac{\delta^2}{2\mu} - \mu\right)P_e^{**}\right] +$$

$$(w - C)\left(\frac{b + \lambda_1 e_1^{**} + \lambda_2 e_2^{**} - \mu w}{2} + \frac{\delta}{2}P_e^{**}\right) - \frac{1}{2}\frac{\lambda_1^2}{k_1}(P_e^{**} + w - 2C)^2 \tag{4-27}$$

因此，分散决策下药品双渠道供应链系统的整体利润为：

$$Pi\_d^* = Pi\_rd^* + Pi\_md^* = Pi\_d^*(P_e^{**}、P_t^{**}、e_1^{**}、e_2^{**}) \tag{4-28}$$

（三）"收益共享+数量折扣"组合契约下的药品双渠道供应链协调决策模型

由上述命题验证得知，分散决策下由于双重边际效应的存在，药品供应链上各成员产生的利润总和小于合作决策下供应链的整体利润。为此，本部分主要研究采用一种"收益共享+数量折扣"的组合契约激励措施来协调整条供应链。从前文研究可知医药生产商提高医药产品质量努力程度，医药零售商提高促销努力程度都可以增加双方的利润。因此，一方面，需要采取激励措施促使医药生产商有提高医药产品质量努力程度的动力，这里引入收益共享契约机制，即医药零售商销售实现后将自己收益的一部分分享给医药生产商；另一方面，需要采取激励措施促使医药零售商订购更多的医药产品，这里引入数量折扣契约，即量价挂钩，订得越多，享受的折扣也就越多。这种情况下，医药零售商为享受低价，一般会订购更多的医药产品，而一旦订购了更多的产品，便更有动力通过不断提高促销努力程度将产品售出。假定医药零售商销售实现后分享 θ 比例的收益给医药生产商，而医药生产商根据医药零售商订购的数量给予折扣，订得越多，折扣越高，订购价格越低，满足 $w_d = w - \beta Q_t$ 的关系。采用"收益共享+数量折扣"的组合契约来协调和优化药品双渠道供应链，使医药生产商和医药零售商在契约约束下各自获得最优利润，同时也使药品双渠道供应链整体利润达到最优。在组合契约协调下，医药零售商和医药生产商各自的利润函数表示如下：

$$Pi\_rd = \left[(1-\theta)P_t - (w-\beta Q_t) \right](b - \mu P_t + \delta P_e + \lambda_1 e_1 + \lambda_2 e_2) - \frac{1}{2}k_2 e_2^2 \qquad (4-29)$$

$$Pi\_md = (P_e - C)(a - \mu P_e + \delta P_t + \lambda_1 e_1) + (\theta P_t + w - \beta Q_t - C)$$

$$(b - \mu P_t + \delta P_e + \lambda_1 e_1 + \lambda_2 e_2) - \frac{1}{2}k_1(e_1 - h)^2 \qquad (4-30)$$

对式（4-29）中的 P_t 求二阶偏导，得到 $\frac{\partial^2 Pi\_rd}{\partial P_t^2} = -2\mu(1-\theta-\mu\beta) < 0$（其中，$\theta+\mu\beta<1$），所以，当 $\frac{\partial Pi\_rd}{\partial P_t} = (1-\theta-\mu\beta)b - 2\mu(1-\theta-\mu\beta)P_t + (1-\theta-\mu\beta)(\delta P_e + \lambda_1 e_1 + \lambda_2 e_2) + \mu[w - \beta(b + \delta P_e + \lambda_1 e_1 + \lambda_2 e_2)] = 0$ 时，医药零售商利润达到最大，此时，医药零售商制定的最优零售药价为：

$$P_t^{***} = B + D\lambda_1 e_1 + D\lambda_2 e_2 + D\delta P_e \tag{4-31}$$

其中，$B = \dfrac{b}{2\mu} + \dfrac{w - \beta b}{2(1 - \theta - \mu\beta)}$，$D = \dfrac{1}{2\mu} - \dfrac{\beta}{2(1 - \theta - \mu\beta)}$。

继续对式（4-30）中的 P_e 求二阶偏导，得到 $\dfrac{\partial^2 Pi\_md}{\partial P_e^2} = -2\mu - 2\beta\delta^2 < 0$，所以，

当 $\dfrac{\partial Pi\_md}{\partial P_e} = a - 2\mu P_e + \delta P_t + \lambda_1 e_1 + \mu C - b\beta\delta + \mu\beta\delta P_t - 2\beta\delta^2 P_e - \beta\delta\lambda_1 e_1 - \beta\delta\lambda_2 e_2 + \delta[w - \beta b - C +$

$(\beta\mu + \theta) P_t - \beta\lambda_1 e_1 - \beta\lambda_2 e_2] = 0$ 时，医药生产商利润达到最大。

将式（4-31）中的 P_t^{***} 值代入 $\dfrac{\partial Pi\_md}{\partial P_e} = 0$ 中，解得医药生产商制定的最优

直销价 P_e 为：

$$P_e^{***} = \frac{E + (1 - 2\beta\delta)\lambda_1 e_1 - 2\beta\delta\lambda_2 e_2 + F(B + D\lambda_1 e_1 + D\lambda_2 e_2)}{2\mu + 2\beta\delta^2 - FD\delta} \tag{4-32}$$

其中，$E = a + (\mu - \delta) C - 2b\beta\delta + \delta w$，$F = \delta + \theta\delta + 2\beta\mu\delta$

将式（4-32）代入式（4-30），解得：

$$P_t^{***} = B + D\lambda_1 e_1 + D\lambda_2 e_2 + D\delta P_e^{***} \tag{4-33}$$

对式（4-29）中的 e_2 求二阶偏导，得到 $\dfrac{\partial^2 Pi\_rd}{\partial e_2^2} = -k_2 + 2\beta\lambda_2^2 < 0$，所以当

$\dfrac{\partial Pi\_rd}{\partial e_2} = \beta\lambda_2(b - \mu P_t + \delta P_e + \lambda_1 e_1 + 2\lambda_2 e_2) + \lambda_2[(1 - \theta - \mu\beta) P_t - w + \beta(b + \delta P_e + \lambda_1 e_1)] -$

$k_2 e_2 = 0$ 时，e_2 取得最优值：

$$e_2^{***} = \frac{2\beta\lambda_2 b - \lambda_2 w + \lambda_2(1 - \theta - 2\mu\beta) P_t + 2\lambda_2\beta\delta P_e + 2\lambda_1\lambda_2\beta e_1}{k_2 - 2\lambda_2^2\beta} \tag{4-34}$$

对式（4-30）中的 e_1 求二阶偏导，得到 $\dfrac{\partial^2 Pi\_md}{\partial e_1^2} = -2\beta\lambda_1^2 - k_1 < 0$，所以当

$\dfrac{\partial Pi\_md}{\partial e_1} = (P_e - C)\lambda_1 - \beta\lambda_1(b - \mu P_t + \delta P_e + 2\lambda_1 e_1 + \lambda_2 e_2) + \lambda_1[w - \beta b - C + (\beta\mu + \theta) P_t - \beta\delta P_e -$

$\beta\lambda_2 e_2] - k_1(e_1 - h) = 0$ 时，e_1 取得最优值：

$$e_1^{***} = \frac{\lambda_1 w + k_1 h - 2\lambda_1 C - 2\beta\lambda_1 b + \lambda_1(1 - 2\beta\delta) P_e + \lambda_1(\theta + 2\beta\mu) P_t - 2\beta\lambda_1\lambda_2 e_2}{2\beta\lambda_1^2 + k_1} \tag{4-35}$$

将 P_t^{***}、P_e^{***}、e_1^{***}、e_2^{***} 分别代入式（4-29）、式（4-30），得到医药零

售商、医药生产商的利润分别表示为：

$$Pi\_rd^{**} = \left[(1-\theta)P_t^{***} - (w-\beta Q_t^{***}) \right]$$

$$(b - \mu P_t^{***} + \delta P_e^{***} + \lambda_1 e_1^{***} + \lambda_2 e_2^{***}) - \frac{1}{2}k_2 e_2^{***\,2} \tag{4-36}$$

$$Pi\_md^{**} = (P_e^{***} - C)(a - \mu P_e^{***} + \delta P_t^{***} + \lambda_1 e_1^{***}) + (\theta P_t^{***} + w - \beta Q_t^{***} - C)$$

$$(b - \mu P_t^{***} + \delta P_e^{***} + \lambda_1 e_1^{***} + \lambda_2 e_2^{***}) - \frac{1}{2}k_1 (e_1^{***} - h)^2 \tag{4-37}$$

因此，组合契约协调下药品双渠道供应链系统的整体利润为：

$$Pi\_d^{**} = Pi\_rd^{**} + Pi\_md^{**} = Pi\_d^{**}(P_t^{***}、P_e^{***}、e_1^{***}、e_2^{***}) \tag{4-38}$$

命题4：当参数 θ 和 β 满足以下两个等式的约束条件时，药品双渠道供应链上各成员的决策变量达到了合作决策下的最优值，此时，θ 和 β 呈正相关关系。

$$\beta = \frac{k_1 w + k_1^2 h/\lambda_1 - 2k_1 C + k_1 P_e^* + \theta P_t^* k_1 - k_1(P_e^* + P_t^* - 2C)}{2\lambda_1^2(P_e^* + P_t^* - 2C) + 2\lambda_2 k_1 e_2^* - 2\mu k_1 P_t^* + 2\delta k_1 P_e^* + 2bk_1} \tag{4-39}$$

$$\theta = \frac{\left[2\beta b - w + (1-2\mu\beta)P_t^* + 2\beta\delta P_e^* + 2\beta\lambda_1 e_1^* \right]k_2 - (P_t^* - C)(k_2 - 2\lambda_2^2 \beta)}{k_2 P_t^*} \tag{4-40}$$

证明：在"收益共享+数量折扣"组合契约协调下，参考 Cachon 和 Lariviere（2005）[206] 等的研究结论，参数在满足以下等式关系时，供应链达到协调，即 $P_e^{***} = P_e^*$，$P_t^{***} = P_t^*$，$e_1^{***} = e_1^*$，$e_2^{***} = e_2^*$。联立式（4-9）和式（4-32）、式（4-8）和式（4-33）、式（4-10）和式（4-35）以及式（4-11）和式（4-34），得到 θ 和 β 满足的约束条件，即式（4-39）和式（4-40）。联立式（4-39）和式（4-40），从而确定出 θ 和 β 的值。由式（4-39）可知，β 和 θ 同向变化，β 随着 θ 值的增大而增大，故此命题得证。

命题5：当契约参数 θ 满足以下条件时，药品双渠道供应链整体及成员利润达到帕累托最优。

$$
\begin{cases}
\theta < 1 - \left\{ \left[\left(\dfrac{b + \lambda_1 e_1^{**} + \lambda_2 e_2^{**} + \mu w}{2\mu} + \dfrac{\delta}{2\mu} P_e^{**} - w \right) \left(\dfrac{b + \lambda_1 e_1^{**} + \lambda_2 e_2^{**} - \mu w}{2} + \dfrac{\delta}{2\mu} P_e^{**} \right) + \right. \right. \\
\qquad \left. \left. \dfrac{1}{2} k_2 e_2^{*2} - \dfrac{1}{2} k_2 e_2^{**2} \right] / Q_t^* + (w - \beta Q_t^*) \right\} / P_t^* \\[4pt]
\theta > \left\{ (P_e^{**} - C) \left[\dfrac{2\mu a + \delta b + \mu \delta w}{2\mu} + \dfrac{2\mu + \delta}{2\mu} \lambda_1 e_1^{**} + \dfrac{\delta}{2\mu} \lambda_2 e_2^{**} + \left(\dfrac{\delta^2}{2\mu} - \mu \right) P_e^{**} \right] + \right. \\
\qquad (w - C) \left(\dfrac{b + \lambda_1 e_1^{**} + \lambda_2 e_2^{**} - \mu w}{2} + \dfrac{\delta}{2} P_e^{**} \right) - \dfrac{1}{2} k_1 (e_1^{**} - h)^2 + \dfrac{1}{2} k_1 (e_1^* - h)^2 - \\
\qquad \left. (P_e^* - C) Q_e^* - (w - \beta Q_t^* - C) Q_t^* \right\} / (P_t^* Q_t^*)
\end{cases}
$$

证明：组合契约协调机制可以消除双重边际效应带来的消极影响，使药品供应链成员获得比分散决策下更高的利润，即 $Pi\_rd^{**} > Pi\_rd^*$，$Pi\_md^{**} > Pi\_md^*$。联立式（4-26）和式（4-36）、式（4-27）和式（4-37），在满足上述条件时可以求得契约参数 θ 的阈值，如上式所示。说明参数 θ 在一定的取值范围内，基于"收益共享+数量折扣"的组合契约能够协调药品双渠道供应链，优化供应链各成员的利润，有效促使医药生产商和医药零售商实现帕累托最优，达到供应链整体利润的最大化。

四、数值算例与参数灵敏度分析

（一）数值算例

本部分主要通过算例仿真来验证上述命题，同时分析关键参数对药品双渠道供应链的最优决策和利润的影响。结合医药行业和市场实际情况，选取参数如下：$a = 80$，$b = 120$，$C = 5$，$w = 10$，$\lambda_1 = 5$，$\lambda_2 = 2$，$\mu = 8$，$\delta = 2$，$h = 2$，$k_1 = 15$，$k_2 = 5$。通过前文推导出的 e_1、e_2 及利润的最优值公式，得出合作决策下最优值分别为：$e_1 = 8.49$，$e_2 = 4.37$，$Pi\_c = 803.29$，分散决策下的最优值分别为：$e_1 = 5.93$，$e_2 = 2.45$，$Pi\_d = 738.56$，如表 4-2 所示。

表4-2　合作决策和分散决策下的最优值

	Pi_c/d	Pi_rd	Pi_md	e_1	e_2
合作决策	803.29	——	——	8.49	4.37
分散决策	738.56	285.83	452.73	5.93	2.45

很明显，合作决策下最优药品质量努力水平、最优促销努力水平以及供应链总利润均优于分散决策下。所以，需要对供应链进行协调，使得供应链成员更加努力提高医药产品质量，更加努力提高促销水平，从而获取更大利润。

（二）参数的灵敏度分析

为了验证命题1和命题2，需要对关键参数e_1和e_2进行灵敏度分析，探讨不断改变参数值对供应链成员终端售价、销量以及利润的影响。

1. 参数e_1的灵敏度分析

当e_2为定值时，对e_1进行灵敏度分析，分析结果如图4-2（a）、图4-2（b）所示。

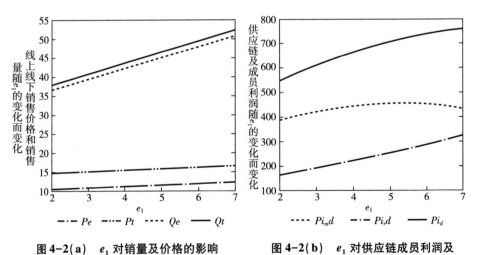

图4-2(a)　e_1对销量及价格的影响　　　图4-2(b)　e_1对供应链成员利润及整体利润的影响

从图4-2（a）可以看到，当e_2固定时，随着e_1不断增强，线上线下销量和销售价格都在不断提升。由于 e_1 增强，对于医药生产商而言，投入增多，成本增加，自然会提高批发价 w 和线上直销价 P_e，而由于批发价 w 的提高，医药零售商增加了采购成本，自然也会提高零售价 P_t。同时，由于 e_1 增强，医药产品质量随之提高，提高了患者的购买意愿，从而带动线上线下销量的增加，即 Q_e 和 Q_t 的增大。

由图 4-2（b）可知，医药零售商的利润随着 e_1 的增强而不断提升，医药生产商利润则随着 e_1 的增强先增加后降低。当 $2 < e_1 < 5.93$ 时，医药生产商利润 Pi_md 为增函数；当 $e_1 = 5.93$ 时，Pi_md 达到最大值；当 $e_1 > 5.93$ 时，医药生产商增长的边际收益小于由于提升 e_1 水平而增加的边际成本，导致随着 e_1 的不断增强而 Pi_md 反而会出现下降的情形。对供应链整体利润而言，我们发现虽然也呈现先增加后降低的趋势，但这个转折点发生在最佳 e_1 的右侧。也就是说，在最佳的 e_1 点，供应链整体利润并不是最优的。因为随着 e_1 继续增大，虽然医药生产商利润在下降，但医药零售商利润还在上升，只有等到医药零售商利润上升的幅度低于医药生产商下降的幅度时，供应链整体利润才会下降。不过在分散决策下，医药生产商不会站在整体利润角度考虑，所以，供应链整体最优结果在分散决策下是不存在的。

2. 参数 e_2 的灵敏度分析

当 e_1 为定值时，对 e_2 进行灵敏度分析，分析结果如图 4-3（a）、图 4-3（b）所示。

从图 4-3（a）可以看到，当 e_1 固定时，随着 e_2 不断增强，线下传统渠道销量 Q_t 显著提高。说明由于医药零售商的促销努力，显著影响了线下传统渠道患者的购买意愿，提高了线下医药产品销量。同时，随着 e_2 的不断增强，线下零售价格 P_t 也在缓慢提高，主要是因为医药零售商的不断促销努力，增加了成本，从而相对调增了售价。而由于 e_2 的不断增强，对医药生产商线上销售的销量 Q_e 和直销价 P_e 的影响都微乎其微。

由图 4-3（b）可知，医药生产商的利润随着 e_2 的增强而提升，主要因为医药生产商利润来源包括两部分，一部分是线上直销带来的利润，另一部分是线下传统渠道销售带来的利润。很明显，由于医药零售商不断增强促销努力，提升了线下渠道的需求和销量，所以医药生产商来自于线下这块利润会增长，自然医药

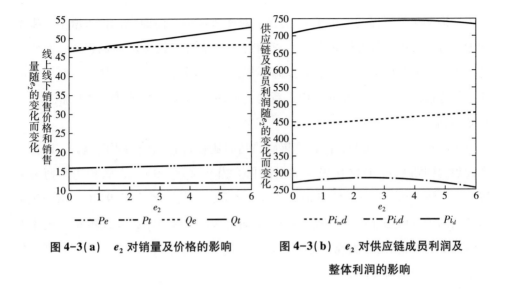

图 4-3（a） e_2 对销量及价格的影响   **图 4-3（b）** e_2 对供应链成员利润及
整体利润的影响

生产商的利润就会增加。从图 4-3（b）还可以看出，医药零售商和整体供应链利润呈现先增加后降低趋势。对医药零售商而言，当 $0<e_2<2.45$ 时，Pi_rd 为增函数；当 $e_2=2.45$ 时，Pi_rd 达到最大值；当 $e_2>2.45$ 时，医药零售商增加的边际收益小于由于提升 e_2 水平而增加的边际成本，导致在超过一定范围时，随着 e_2 的不断增强而 Pi_rd 反而会出现下降的情景。对供应链整体利润而言，同样经历了先增长后降低的趋势。但仔细分析图 4-3（b）我们会发现，供应链整体利润开始下降的点在最佳 e_2 值的右侧。因为，随着医药零售商利润的下降，但医药生产商利润还在上升，只有等到医药生产商利润上升的幅度小于医药零售商利润下降的幅度时，整体利润才开始下降。也就是说，在最佳 e_2 处，供应链整体利润并未达到最优。而这个整体最优利润在分散决策下难以实现，这就是分散决策的局限，不会站在整体利益考虑，而只会选择对自身最有利的方案。

至此，验证命题 1、命题 2 成立。

为了验证命题 3，通过对 e_1、e_2 的灵敏度分析，得出分散和合作决策下供应链整体利润的比较如图 4-4、图 4-5 所示。

随着 e_1、e_2 的不断提升，分散和合作决策下供应链整体利润均呈现先升后降的趋势，但不管在哪种情况下，合作决策下的供应链整体利润始终要高于分散决策下的供应链整体利润。这也就意味着，供应链系统合作比不合作状态下取得更高的整体利润。同时，从图4-4可知，合作决策下的最佳 e_1 值点高于图4-2（b）中分散决策下的最佳 e_1 值点；从图4-5可知，合作决策下的最佳 e_2 值点高于图4-3（b）中分散决策下的最佳 e_2 值点。命题3成立。

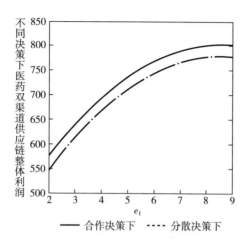

图4-4 e_1 对供应链整体利润的影响比较

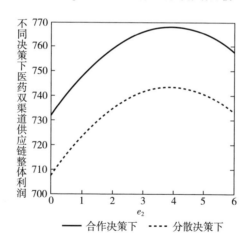

图4-5 e_2 对供应链整体利润的影响比较

3. 参数 θ 和 β 的灵敏度分析

在引入"收益共享+数量折扣"契约协调下，对参数收益共享因子 θ 和数量折扣因子 β 的灵敏度分析如图4-6所示。在组合契约协调下，θ 和 β 呈现正相关关系，β 的取值范围为 [0.0004，0.132]。也就是说，医药零售商共享更多的收益给医药生产商，则医药生产商给予的折扣因子也会更高，故命题4成立。

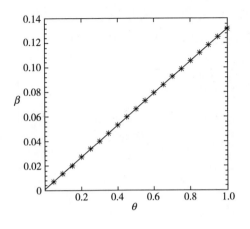

图 4-6　θ 和 β 的关系

（三）分散决策和契约协调决策下供应链整体利润和供应链各成员利润的比较分析

对于分散决策和契约协调决策下药品供应链整体利润和医药生产商、医药零售商成员利润比较分析如图 4-7（a）、图 4-7（b）、图 4-8（a）、图 4-8（b）所示。

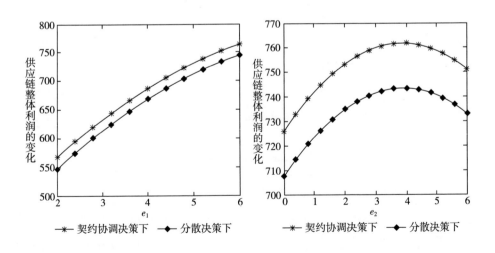

图 4-7(a)　e_1 对供应链整体利润的影响比较　图 4-7(b)　e_2 对供应链整体利润的影响比较

在参数取值 $\theta=0.081$，$\beta=0.027$ 时，由图 4-7（a）、图 4-7（b）、图 4-8（a）、图 4-8（b）可知，契约协调决策下药品双渠道供应链无论是整体利润还是供应链各成员利润始终高于分散决策下供应链整体利润及各成员利润。这说明，组合契约在参数满足约束条件时可以协调、优化药品双渠道供应链。由图 4-8（a）、图 4-8（b）可知，随着 e_1、e_2 不断提高，医药生产商利润得到优化的幅度越来越小，而医药零售商利润得到优化的幅度越来越大，两者根据谈判能力选择一个彼此都可以接受的优化幅度，确保各自利润都得到增加，实现契约协调的有效性和持续性。验证命题 5 成立。

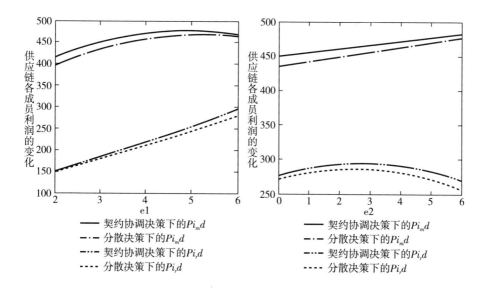

图 4-8(a) e_1 对供应链成员利润的影响比较　**图 4-8(b)** e_2 对供应链成员利润的影响比较

五、本章小结

本章研究了由医药生产商和医药零售商组成的二级药品双渠道供应链系统，在考虑医药产品质量和促销行为双重影响下，医药生产商和医药零售商之间的博弈和协调问题。通过算例分析得出以下主要结论：

（1）当医药零售商促销努力程度固定时，提升医药产品的质量努力程度，增强了患者购买的意愿，增加了线上线下销售量。对供应链成员而言，随着不断提升医药产品的质量努力程度，医药零售商利润会呈现不断上升趋势，医药生产商利润和供应链整体利润会出现先增后降趋势，但医药供应链整体利润开始下降的点滞后于医药生产商利润下降点。这说明，医药生产商提高药品质量，不仅能带来供应链整体利润的提升，也能带来供应链上各成员利润的提升。不过，当医药生产商利润达到最大值时，供应链整体利润并未达到最优，但由于分散决策下供应链各成员以自身利润最大化作为追求目标，这个整体最优利润在分散决策下难以实现。

（2）当医药产品的质量努力程度固定时，医药零售商提升促销努力程度会增强线下传统渠道患者的购买意愿，提高线下销量，但对线上销售影响微乎其微。对供应链成员的利润而言，随着医药零售商不断提升促销能力，医药生产商利润会不断增加，医药零售商和供应链整体利润会出现先增后降趋势，整体利润开始下降的点滞后于医药零售商利润下降点。说明当医药零售商利润达到最大值时，供应链整体利润并未达到最优，由于分散决策下供应链各成员以自身利润最大化作为追求目标，这个整体最优利润在分散决策下同样难以实现。

以上两点充分说明，分散决策下，药品双渠道供应链中无论是医药生产商利润最佳点还是医药零售商利润最佳点均不是供应链整体利润最佳点。换句话说，药品双渠道供应链中，单个供应链成员利润达到最优值时，供应链整体利润并未达到最优，这个最优解在分散决策下无法实现。

（3）验证了合作决策下医药生产商的最优医药产品质量努力水平和医药零售商的最优促销努力水平均高于分散决策下的最优值，合作决策下供应链系统整体利润始终要高于分散决策下供应链整体利润。为此，需要通过契约协调对供应链整体进行优化。

（4）验证了基于"收益共享+数量折扣"的组合契约协调机制，在参数收益共享因子和数量折扣因子满足一定的约束条件，并具备正相关关系时，是可以有效协调药品双渠道供应链的，不仅提高了供应链整体利润，同时提高了供应链各成员利润及其他绩效指标值。对药品供应链各成员而言，契约协调优化各自利润的程度取决于参数的取值，而参数的取值又取决于双方的谈判能力和话语权。

由此可知，双渠道供应链下，医药生产商需要将药品的质量和安全问题摆在首位，加强药品质量控制，提高患者用药安全和满意度，增加患者用药需求。由此带来的结果不仅能提高供应链上各成员利润，更有益于消费者，提高整体社会福利。同时，对医药零售商而言，需不断提升其促销能力，如提供预防、保健、营养、医疗、康复全过程的健康服务；通过专业诊断仪器及健康数据，为患者提供最合理的健康解决方案，促进患者合理用药，增强患者对线下购药的黏性。

　　本章的研究结论不仅有利于为制药企业开辟线上销售渠道提供一定的参考，更为互联网助力医药医疗行业变革提供一定的借鉴。

第五章　随机需求下考虑医保政策和销售努力的药品双渠道供应链协调策略研究

随着"互联网+"医疗的不断推进，"互联网+药品流通"将重塑药品流通行业的生态格局。处于医药产业链中游，承担着医药商品集中与分发功能，在医药卫生事业发展和健康价值链中发挥着突出重要作用的医药批发商一方面继续通过传统线下渠道（即通过医疗机构/零售药店等）销售药品，另一方面通过线上互联网平台直接向患者售药，同时提供健康咨询、用药提醒、资源共享等服务，即我们所熟知的 B2C 模式（企业对顾客）。消费者在面临双渠道选择时，会明显受到一些因素的影响，如企业的销售努力程度，医保政策，渠道偏好等。基于这一事实，本章以医药批发商为主导的双渠道药品供应链为研究对象，考虑企业的销售努力和国家医保政策对需求和供应链的影响，在药品需求不确定条件下，分别构建独立决策模型和集中决策模型，在对比分析的基础之上进一步设计契约协调策略模型，并通过算例分析验证契约机制协调双渠道供应链的有效性。

一、问题分析

医药批发商通过线上互联网平台直接向患者售药，省去中间若干流通环节，降低药品流通成本，使线上药品定价低于传统渠道定价，对价格敏感的消费者，正在以低廉的价格寻求安全有效的药物，则更偏向于选择线上购药。但药品属于一种特殊的商品，药品的销售与国家政策存在着高度的依赖性，其中，医保报销政策会严重影响消费者的渠道选择倾向。目前在中国，医保支付还未在网络渠道覆盖，只在极个别几个城市作为试点项目进行尝试[207]。当下我国医保控费形势严峻，短期内开放线上医药零售医保支付比较困难[208-209]。对于有医保的消费者而言，如果选择在医保定点医疗机构或零售药店购买药品，可以通过医保支付全部或部分，而通过线上购药，则要全额自付。相比较而言，有医保的消费者一般会选择实体渠道购药。在这一背景下，医药批发商想要发挥线上渠道优势，必定需要通过一定的销售努力来吸引消费者线上购药，增加线上药品需求。同时考虑医保政策和销售努力对双渠道供应链及需求的影响，设计有效的供应链协调策略，已然成为药品双渠道供应链管理亟待解决的问题。

现有文献要么仅考虑医保支付政策下双渠道供应链的竞争策略或定价策略，要么仅考虑促销努力影响下的药品双渠道供应链协调策略，尚未发现有学者同时考虑销售努力和医保政策的共同作用对需求及供应链的影响，探索药品双渠道供应链的协调问题。本章基于药品的特性（作为一种预防、治疗、诊断疾病，有目的地调整人体生理机能，维护人体身体健康的特殊物质，需求具有随机性），探讨医保政策和医药批发商线上销售努力对药品双渠道供应链的影响，研究双渠道销售模式下，如何更好发挥双渠道优势，实现渠道共赢的问题。本章研究的关键问题可以概括为：

（1）研究独立决策下，在相关参数满足一定的条件时，供应链各成员的最优决策问题；

（2）研究集中决策下的最优均衡解，并与独立决策下的最优值进行比较分析的问题；

（3）研究不同的组合契约机制能否协调供应链，探讨不同组合契约机制的有效性及相关参数的取值问题；

（4）通过 Matlab 数值仿真和参数的灵敏度分析，验证关键参数对最优决策的影响，对比分析不同决策下的结果，并得出有效结论。

二、基本模型构建与分析

为研究基于医保报销政策和医药批发商线上销售努力的医药企业最优决策，本章考虑垄断市场背景下，由单一医药批发商和单一医疗机构/零售药店组成的线上线下药品双渠道供应链系统。医药批发商一方面利用自建或第三方平台通过自营物流或与第三方社会物流合作，向患者直销药品；另一方面通过线下渠道将药品批发给医疗机构/零售药店进行销售。在处方药外流推进受阻和医保尚未接入互联网双重约束下，为打开线上直销局面，医药批发商会进行不同程度的销售努力，如提高药品售后服务质量，提高药品物流配送能力，又如通过互联网平台引入互联网医院资源，提高平台的医疗服务能力，构建以微信为载体的数字化医生服务系统，做到"医"+"药"的完美对接等。在此背景下，药品双渠道供应链模式如图5-1所示。

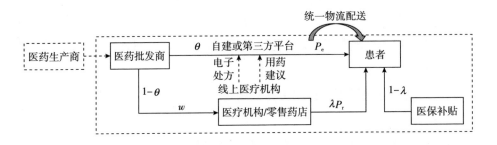

图5-1　考虑医保报销政策和销售努力的药品双渠道供应链模式

在此销售模式下，药品市场需求同时受药品价格、医保支付比例、销售努力程度的影响。传统线下渠道中，医药批发商以批发价 w 将药品批发给医疗机构/零售药店，医疗机构/零售药店再以零售价 P_r 售出。假定线下实体渠道消费者自付比例为 λ （医保报销比例为 $1-\lambda$），则消费者实际支付金额为 λP_r。在网络直销渠道中，医药批发商利用线上平台通过物流配送以价格 P_e 直接向消费者销售药品。消费者对渠道具有不同的偏好。

（一）参数说明与基本假设

本章中所涉及的参数说明如表5-1所示。

表5-1　参数说明

参数	说明
α	市场上对药品的基本需求
c	医药批发商单位药品采购成本
w	医疗机构/零售药店单位药品批发价格
θ	网络渠道偏好比例
λ	药品自付比例
β	渠道间的交叉价格弹性系数，$\beta<1$
P_r	医疗机构/零售药店单位药品销售价格
P_e	医药批发商单位药品直销价格
t_r	医疗机构/零售药店单位药品处理成本
t_w	医药批发商单位药品处理成本，其中，$t_w<t_r$
Q	医疗机构/零售药店订购的药品数量
D_e	网络直销渠道药品需求
D_r	传统线下渠道药品需求
$E\prod^c$	集中决策下供应链整体期望利润
$E\prod_r^d$	独立决策下医疗机构/零售药店期望利润
$E\prod_w^d$	独立决策下医药批发商期望利润
$E\prod^d$	独立决策下供应链整体期望利润
$E\prod_r^{xd}$	契约协调决策下医疗机构/零售药店期望利润
$E\prod_w^{xd}$	契约协调决策下医药批发商期望利润
$E\prod^{xd}$	契约协调决策下供应链整体期望利润

为了紧扣本章的研究目标，且使模型便于分析，做如下基本假设：

假设1：网络直销渠道恰好满足消费者需求，传统线下渠道需求随机，具有不确定性。

假设2：传统线下渠道订货提前期为零，即医疗机构/零售药店的订单需求能立即得到满足，不考虑缺货及缺货成本。

假设3：医药批发商和医疗机构/零售药店独立决策，医疗机构在满足一定的公益性条件下，以自身利益最大化作为决策依据，医药批发商和零售药店均以自身利益最大化作为决策标准。

假设4：药品流转销售过程中，仅考虑医药批发商的采购成本和销售努力成本，不考虑其他销售成本。

假设5：药品供应链与其他产品供应链不同，超过保质期的药品将会失去任何使用价值，服用甚至会对身体造成伤害。所以，忽略库存药品持有成本及残值。同时，考虑到过期药品对社会环境的危害以及国家对绿色供应链的倡导，需要医疗机构/零售药店直接销毁或者医药批发商回购后销毁，在此过程中，会产生一定的剩余过期药品处理成本。

在以上假设条件下，网络直销渠道和传统线下渠道药品需求函数分别表示为：

$$D_e = \theta\alpha - P_e + \beta\lambda P_r + e; \quad D_r = (1-\theta)\alpha - \lambda P_r + \beta P_e + \varpi$$

ϖ 表示传统线下渠道随机需求，服从 $X \sim [0, b]$ 上的均匀分布，$f(x)$、$F(x)$ 分别表示其概率密度函数和累计分布函数。e 代表医药批发商线上销售努力程度。医药批发商通过销售努力会增大网络直销渠道的药品需求，假设由此带来的销售努力成本为 $C(e) = \dfrac{1}{2}ke^2$，其中，$k > 0$，且为常数，表示销售努力成本系数。

（二）独立决策模型

实际上，药品供应链上各成员大多数时候是独立决策的，都努力追求自身利益最大化，从而导致双重边际效应存在。独立决策下，医药批发商首先根据相关政策规定、药品采购成本及销售努力程度来决定药品的批发价和网络直销价，医疗机构/零售药店根据药品批发价来确定药品终端零售价和订购量。

为讨论的方便，我们定义 $\overline{D_e}$、$\overline{D_r}$ 分别为线上、线下确定性需求，即

$$\overline{D_e} = \theta\alpha - P_e + \beta\lambda P_r + e$$

$$\overline{D_r} = (1-\theta)\alpha - \lambda P_r + \beta P_e$$

定义 q 为满足线下零售渠道随机需求部分 ϖ 的额外订货量：$q=Q-\overline{D_r}$

定义 $s(q)$ 为满足随机需求部分的期望销售量：

$$s(q) = \int_0^q xf(x)\,dx + \int_q^b qf(x)\,dx = q - \int_0^q F(x)\,dx = q - \frac{q^2}{2b}$$

定义 $I(q)$ 为超出随机需求部分的订货量：

$$I(q) = q - s(q) = \int_0^q F(x)\,dx = \frac{q^2}{2b}$$

则独立决策下医疗机构/零售药店的期望利润为：

$$E\prod_r^d(P_r,\ q) = (P_r - w)\overline{D_r} + (P_r + t_r)s(q) - (w + t_r)q \qquad (5-1)$$

独立决策下医药批发商的期望利润为：

$$E\prod_w^d(P_e,\ e) = (P_e - c)\overline{D_e} + (w - c)(\overline{D_r} + q) - \frac{1}{2}ke^2 \qquad (5-2)$$

定理1：独立决策下，当满足 $2\lambda(P_r+t_r)f(q)-(1-F(q))^2>0$ 条件时，医疗机构/零售药店期望利润的反应函数是 P_r 和 q 的联合凹函数，传统线下渠道存在最优的满足随机需求部分的额外订货量 q^* 以及最优的零售定价 P_r^*；当满足 $k>0.5$ 条件时，医药批发商期望利润的反应函数是 P_e 和 e 的联合凹函数，网络直销渠道存在最优的销售努力程度 e^* 和最优的直销渠道定价 P_e^*。

证明：依据 Stackelberg 博弈模型，运用逆向推导法。首先，根据式（5-1），$E\prod_r^d$ 关于 P_r 和 q 的 Hessian 矩阵为：

$$H = \begin{bmatrix} -2\lambda & 1-F(q) \\ 1-F(q) & -(P_r+t_r)f(q) \end{bmatrix}$$

H 的一阶顺序主子式 $-2\lambda<0$，故当 H 的二阶顺序主子式 $2\lambda(P_r+t_r)f(q)-(1-F(q))^2>0$ 时，该 Hessian 矩阵为负定矩阵，$E\prod_r^d$ 函数是关于 P_r 和 q 的联合凹函数。当 $E\prod_r^d$ 对 P_r 和 q 的一阶偏导为零时，P_r 和 q 取得最优解。

令 $\dfrac{\partial E\prod_r^d}{\partial P_r}=0$，即 $(1-\theta)\alpha - 2\lambda P_r + \beta P_e + \lambda w + q - \dfrac{q^2}{2b}=0$ 时，

$$P_r = A(q) + \frac{\beta}{2\lambda}P_e \qquad (5-3)$$

其中，$A(q) = \left[(1-\theta)\alpha + \lambda w + q - \dfrac{q^2}{2b} \right] \Big/ 2\lambda$

令 $\dfrac{\partial E\prod_r^d}{\partial q} = 0$，即 $(P_r + t_r)[1 - F(q)] - (w + t_r) = 0$ 时，

$$q = F^{-1}\left(\frac{P_r - w}{P_r + t_r} \right) \tag{5-4}$$

根据式（5-2），$E\prod_w^d$ 关于 P_e 和 e 的 Hessian 矩阵为：

$$H = \begin{bmatrix} -2 & 1 \\ 1 & -k \end{bmatrix}$$

因为 H 的一阶顺序主子式 $-2<0$，故当 H 的二阶顺序主子式 $2k-1>0$，即 $k>$ 0.5 时，该矩阵为负定矩阵，$E\prod_w^d$ 函数是关于 P_e 和 e 的联合凹函数。当 $E\prod_w^d$ 对 P_e 和 e 的一阶偏导为零时，P_e 和 e 取得最优解。

令 $\dfrac{\partial E\prod_w^d}{\partial P_e} = 0$，即 $\theta\alpha - 2P_e + \beta\lambda P_r + e + c + (w-c)\beta = 0$ 时，

$$P_e = \frac{\theta\alpha + e + c + (w-c)\beta}{2} + \frac{\beta\lambda}{2}P_r \tag{5-5}$$

令 $\dfrac{\partial E\prod_w^d}{\partial e} = 0$，即 $(P_e - c) - ke = 0$ 时，

$$e = (P_e - c)/k \tag{5-6}$$

将式（5-6）代入式（5-5），得到：

$$P_e = B + \frac{k}{2k-1}\beta\lambda P_r \tag{5-7}$$

其中，$B = \dfrac{k\theta\alpha - c + kc + k(w-c)\beta}{2k-1}$。

联立式（5-3）、式（5-7），得到：

$$P_r = \left[B + \frac{2\lambda}{\beta}A(q) \right] \Big/ \left(\frac{2\lambda}{\beta} - \frac{k}{2k-1}\beta\lambda \right) \tag{5-8}$$

联立式（5-4）和式（5-8），通过迭代 P_r 和 q 的值，可求得最佳线下额外订货量和零售价格分别为：

$$q^* = F^{-1}\left(\frac{P_r^* - w}{P_r^* + t_r}\right) \tag{5-9}$$

$$P_r^* = \left[B + \frac{2\lambda}{\beta}A(q^*)\right] \Big/ \left(\frac{2\lambda}{\beta} - \frac{k}{2k-1}\beta\lambda\right) \tag{5-10}$$

将式（5-10）代入式（5-7），可得到最佳网络直销渠道零售价为：

$$P_e^* = B + \frac{k}{2k-1}\beta\lambda P_r^* \tag{5-11}$$

将式（5-11）代入式（5-6），可得到医药批发商最佳销售努力程度为：

$$e^* = \frac{(B-c)}{k} + \frac{\beta\lambda P_r^*}{2k-1} \tag{5-12}$$

证毕。

将已求出的 P_r^*、q^*、P_e^*、e^* 代入线上线下渠道确定需求公式，得到：

$$\overline{D_e}^* = \theta\alpha - B + \frac{B-c}{k} + \frac{k}{2k-1}\beta\lambda P_r^* \tag{5-13}$$

$$\overline{D_r}^* = (1-\theta)\alpha + \beta B + \left(\frac{k\beta^2}{2k-1} - 1\right)\lambda P_r^* \tag{5-14}$$

将 P_r^*、q^*、P_e^*、e^*、$\overline{D_r}^*$、$\overline{D_e}^*$ 代入利润函数式（5-1）和式（5-2），得出独立决策下药品双渠道供应链各成员均衡利润及整体均衡利润分别为：

$$E\prod_r^{d*}(P_r, q) = (P_r^* - w)\left[(1-\theta)\alpha + \beta B + \left(\frac{k\beta^2}{2k-1} - 1\right)\lambda P_r^*\right] + (P_r^* + t_r)s$$

$$\left(F^{-1}\left(\frac{P_r^* - w}{P_r^* + t_r}\right)\right) - (w + t_r)F^{-1}\left(\frac{P_r^* - w}{P_r^* + t_r}\right) \tag{5-15}$$

$$E\prod_w^{d*}(P_e, e) = \left(B + \frac{k}{2k-1}\beta\lambda P_r^* - c\right)\left(\theta\alpha - B + \frac{B-c}{k} + \frac{k}{2k-1}\beta\lambda P_r^*\right) +$$

$$(w - c)\left[(1-\theta)\alpha + \beta B + \left(\frac{k\beta^2}{2k-1} - 1\right)\lambda P_r^* + F^{-1}\left(\frac{P_r^* - w}{P_r^* + t_r}\right)\right] -$$

$$\frac{1}{2}k\left(\frac{B-c}{k} + \frac{\beta\lambda P_r^*}{2k-1}\right)^2 \tag{5-16}$$

$$E\prod^{d*} = E\prod_r^{d*} + E\prod_w^{d*} = E\prod^{d*}(q^*, P_r^*, P_e^*, e^*) \tag{5-17}$$

推论：独立决策下，药品自付比例 λ 与医疗机构/零售药店终端定价 P_r、满足随机需求的额外订货量 q 以及医疗机构/零售药店利润 $E\prod_r^d$ 均呈反比关系，与医药批发商销售努力程度 e 呈正比关系。

证明：对式（5-3）中的 λ 求导，得到：$\dfrac{\partial P_r}{\partial \lambda}=-\dfrac{1}{2\lambda^2}\left[(1-\theta)\alpha+q-\dfrac{q^2}{2b}+\beta P_e\right]<0$，说明 λ 与医疗机构/零售药店终端定价 P_r 呈反比关系。

对式（5-4）而言，$q=F^{-1}\left(\dfrac{P_r-w}{P_r+t_r}\right)=F^{-1}\left(1-\dfrac{w+t_r}{P_r+t_r}\right)$。由 $F(x)$、$F^{-1}(x)$ 为单调递增函数可知，q 和 P_r 同向变化，而 P_r 与 λ 反向变化，因此，λ 与额外订货量 q 反向变化，即 λ 和 q 之间呈反比关系。

对式（5-1）中的 λ 求导，得到 $\dfrac{\partial E\prod_r^d}{\partial \lambda}=-(P_r-w)P_r<0$，说明随着药品自付比例 λ 的不断增加，医疗机构/零售药店利润 $E\prod_r^d$ 不断下降，两者呈反比关系。

对式（5-12）中的 λ 求导，得到 $\dfrac{\partial e}{\partial \lambda}=\dfrac{\beta P_r}{2k-1}>0(k>0.5)$，说明药品自付比例 λ 与医药批发商销售努力程度 e 呈正比关系。证毕。

定理2：独立决策下，医药批发商销售努力程度 e 满足 $0<e<e^*$ 时，提升销售努力程度有利于提升医药批发商的利润；当满足 $e=e^*$ 时，医药批发商利润达到最大值；当满足 $e>e^*$ 时，医药批发商的利润会随着销售努力程度的不断提升而下降。

证明：对式（5-2）中的 e 求二阶偏导，得到 $\dfrac{\partial^2 E\prod_w^d}{\partial e^2}=-k<0$，说明 $E\prod_w^d$ 是关于 e 的凹函数，当 $\dfrac{\partial E\prod_w^d}{\partial e}=0$ 时，e 取得最大值 e^*。所以，当 $0<e<e^*$ 时，随着 e 的提升，医药批发商利润不断提升；当 $e=e^*$ 时，医药批发商利润达到最大值；当 $e>e^*$ 时，随着 e 的继续提升而医药批发商的利润反倒会下降，此时提升销售努力程度增加的成本已经超过了由于销售努力提升带来的收益增加，所以，利润反倒出现了下降的趋势。证毕。

（三）集中决策模型

在集中决策下，医药批发商和医疗机构/零售药店视为一个整体进行决策，药品双渠道供应链系统整体利润函数表示为：

$$E\prod^c(q,\ P_r,\ e,\ P_e)=(P_e-c)\overline{D_e}+(P_r-c)\overline{D_r}+(P_r+t_r)s(q)-$$

$$(t_r+c)q-\frac{1}{2}ke^2 \tag{5-18}$$

定理3：集中决策下，药品供应链系统整体期望利润的反应函数是 e、P_e、P_r 和 q 的联合凹函数，存在最优的额外订货量 q^{**}，最优的线上、线下零售价 P_e^{**} 和 P_r^{**}，以及最优的医药批发商销售努力水平 e^{**}。

证明：集中决策下，以系统利润最大化为原则，由式（5-18）可知，双渠道供应链系统利润是关于 e、P_e、P_r 和 q 的四元凹函数，分别对 e、P_e、P_r 和 q 求一阶导数，得：

$$\frac{\partial E\prod^c}{\partial e}=(P_e-c)-ke=0,\ 从而,\ e=\frac{P_e-c}{k} \tag{5-19}$$

$$\frac{\partial E\prod^c}{\partial P_e}=\theta\alpha-2P_e+\beta\lambda P_r+e+c+(P_r-c)\beta=0,\ 从而,\ P_e=\frac{\theta\alpha+e+c-\beta c}{2}+\frac{\beta+\beta\lambda}{2}P_r \tag{5-20}$$

将式（5-19）代入式（5-20），

从而，$P_e=G+\dfrac{k}{2k-1}\beta(1+\lambda)P_r \tag{5-21}$

其中，$G=\dfrac{\theta\alpha k-c+(1-\beta)kc}{2k-1}$

$$\frac{\partial E\prod^c}{\partial P_r}=(P_e-c)\beta\lambda+(1-\theta)\alpha-2\lambda P_r+\beta P_e+\lambda c+s(q)=0,\ 从而,$$

$$P_r=H(q)+\frac{\beta(1+\lambda)}{2\lambda}P_e \tag{5-22}$$

其中，$H(q)=\dfrac{(1-\theta)\alpha+\lambda c-\beta\lambda c+s(q)}{2\lambda}$

联立式（5-21）和式（5-22），解得：

$$P_r=\left[G+\frac{2\lambda H(q)}{\beta(1+\lambda)}\right]\Bigg/\left[\frac{2\lambda}{\beta(1+\lambda)}-\frac{k}{2k-1}\beta(1+\lambda)\right] \tag{5-23}$$

$$\frac{\partial E\prod^c}{\partial q}=(P_r+t_r)s'(q)-(t_r+c)=0,\ 从而,$$

$$q = F^{-1}\left(\frac{P_r - c}{P_r + t_r}\right) \tag{5-24}$$

联立式（5-23）和式（5-24），通过迭代 P_r 和 q 的值，可以得到 P_r 和 q 的最优解：

$$P_{r^{**}} = \left[G + \frac{2\lambda H(q^{**})}{\beta(1+\lambda)}\right] \Big/ \left[\frac{2\lambda}{\beta(1+\lambda)} - \frac{k}{2k-1}\beta(1+\lambda)\right] \tag{5-25}$$

$$q^{**} = F^{-1}\left(\frac{P_r^{**} - c}{P_r^{**} + t_r}\right) \tag{5-26}$$

将求出的 P_r^{**} 代入式（5-21），得到 P_e 的最优解：

$$P_e^{**} = G + \frac{k}{2k-1}\beta(1+\lambda)P_r^{**} \tag{5-27}$$

将求出的 P_e^{**} 代入式（5-19），得到 e 的最优解：

$$e^{**} = \frac{G-c}{k} + \frac{(1+\lambda)}{2k-1}\beta P_r^{**} \tag{5-28}$$

证毕。

将已求出的 P_r^{**}、q^{**}、P_e^{**}、e^{**} 代入线上线下渠道确定需求公式，得到：

$$\overline{D_e}^{**} = \theta\alpha - G + \frac{G-c}{k} + \frac{\beta - k\beta + k\beta\lambda}{2k-1}P_r^{**} \tag{5-29}$$

$$\overline{D_r}^{**} = (1-\theta)\alpha + \beta G + \left[\frac{k\beta(1+\lambda)}{2k-1} - \lambda\right]P_r^{**} \tag{5-30}$$

将 P_r^{**}、q^{**}、P_e^{**}、e^{**}、$\overline{D_r}^{**}$、$\overline{D_e}^{**}$ 代入系统整体利润函数式（5-18），得出集中决策下药品双渠道供应链系统整体最优利润为：

$$E\prod{}^{c^{**}}(q, P_r, e, P_e) = \left[G + \frac{k}{2k-1}\beta(1+\lambda)P_r^{**} - c\right]$$

$$\left(\theta\alpha - G + \frac{G-c}{k} + \frac{\beta - k\beta + k\beta\lambda}{2k-1}P_r^{**}\right) + (P_{r^{**}} - c)$$

$$\left\{(1-\theta)\alpha + \beta G + \left[\frac{k\beta(1+\lambda)}{2k-1} - \lambda\right]P_r^{**}\right\} +$$

$$(P_r^{**} + t_r)s\left(F^{-1}\left(\frac{P_r^{**} - c}{P_r^{**} + t_r}\right)\right) - (t_r + c)F^{-1}\left(\frac{P_r^{**} - c}{P_r^{**} + t_r}\right) -$$

$$\frac{1}{2}k\left[\frac{G-c}{k}+\frac{(1+\lambda)}{2k-1}\beta P_r^{**}\right]^2 E\prod{}^{c**}$$

$$=E\prod{}^{c**}(q^{**},\ P_r^{**},\ P_e^{**},\ e^{**})\qquad\qquad(5\text{-}31)$$

（四）独立决策模型与集中决策模型的比较分析

通过对药品双渠道供应链系统集中式决策与独立式决策下的最优策略分析，可得定理4。

定理4：集中决策下的相关指标值要优于独立决策下对应指标值，即 $q^{**} > q^*$，$e^{**} > e^*$，$E\prod{}^{c**} > E\prod{}^{d*}$。

证明：独立决策下最优额外订货量 $q^* = F^{-1}\left(\dfrac{P_r-w}{P_r+t_r}\right)$，集中决策下最优额外订货量 $q^{**} = F^{-1}\left(\dfrac{P_r-c}{P_r+t_r}\right)$。由于 $F^{-1}(x)$ 为单调递增函数，$w>c$，所以，$q^{**}>q^*$ 成立，说明集中决策下医疗机构/零售药店满足随机需求的最优额外订货量高于独立决策下最优额外订货量。同理，比较式（5-12）和式（5-28），可知 $e^{**}>e^*$ 成立，说明集中决策下医药批发商销售努力程度大于独立决策下的销售努力程度。比较式（5-17）和式（5-31），利用 Visual Studio 2019 编程（源程序见附录C），从而推导出 $E\prod{}^{c**}>E\prod{}^{d*}$，说明集中决策下药品供应链系统整体期望利润大于独立决策下的整体期望利润。

定理4表明，独立决策下，供应链整体利润不能达到最优，由于存在双重边际效应，集中决策下的供应链系统整体利润始终要高于独立决策下。因此，需要设计合理的契约协调机制，实现双渠道供应链的协调。

三、契约协调策略模型的构建与分析

由上述定理4验证得知，独立决策下由于双重边际效应的存在，药品供应链上各成员产生的利润总和小于集中决策下供应链的整体利润。本节分别采用"回购+收益分享"以及"回购+收益分享+销售努力成本分担"的组合契约来研究药品双渠道供应链的协调问题。

(一)"回购+收益分享"组合契约协调策略模型

从前文研究可知,集中决策下满足随机需求的额外订购量超过独立决策下,医药批发商如何引导医疗机构/零售药店订购更多的药品呢?可以通过回购契约,即医疗机构/零售药店卖不完的药品由医药批发商回购,从而减少医疗机构/零售药店的损失,激励医疗机构/零售药店订购更多的药品。同时,为减少医药批发商的损失,可以由医疗机构/零售药店再采用收益分享契约,将自己销售收益的一部分分享给医药批发商,从而保证契约的有效执行。假设对于医疗机构/零售药店卖不完的药品,医药批发商以回购价 g 收回,$g<w$,收回后医药批发商再以 t_w 的处理成本销毁药品。鉴于规模效应作用,$t_w<t_r$。同时,假设医疗机构/零售药店分享 $1-\delta(0<1-\delta<1)$ 的收益比例给医药批发商。在该组合契约协调下,医疗机构/零售药店和医药批发商各自的利润函数表示如下:

医疗机构/零售药店的期望利润为:

$$E\prod_r^{xd}(P_r,\ q)=(\delta P_r-w)\overline{D_r}+(\delta P_r-g)s(q)-(w-g)q \tag{5-32}$$

医药批发商的期望利润为:

$$E\prod_w^{xd}(P_e,\ e)=(P_e-c)\overline{D_e}+(w-c)(\overline{D_r}+q)+(1-\delta)P_r[\overline{D_r}+s(q)]-$$
$$(g+t_w)I(q)-C(e) \tag{5-33}$$

利用 Stackelberg 博弈模型进行逆向求解。在式(5-32)中,由于 $\dfrac{\partial^2 E\prod_r^{xd}}{\partial P_r^2}=$

$-2\lambda\delta<0$,说明 $E\prod_r^{xd}$ 是关于 P_r 的凹函数。当 $\dfrac{\partial E\prod_r^{xd}}{\partial P_r}=(1-\theta)\delta\alpha-2\lambda\delta P_r+$

$\beta\delta P_e+\lambda w+\delta q-\delta\displaystyle\int_0^q F(u)\,du=0$ 时,存在最优的 P_r 为:

$$P_r=U(q)+\frac{\beta}{2\lambda}P_e \tag{5-34}$$

其中,$U(q)=\dfrac{(1-\theta)\delta\alpha+\lambda w+\delta(q-q^2/2b)}{2\lambda\delta}$。

由于 $\dfrac{\partial^2 E\prod_r^{xd}}{\partial q^2}=-(\delta P_r-g)f(q)<0$（其中 $\delta P_r>g$），$E\prod_r^{xd}$ 是关于 q 的凹函数，当

$\dfrac{\partial E\prod_r^{xd}}{\partial q}=(\delta P_r-g)\big[1-F(q)\big]-(w-g)=0$ 时，存在最优的 q 为：

$$q=F^{-1}\left(\dfrac{\delta P_r-w}{\delta P_r-g}\right) \tag{5-35}$$

在式（5-33）中，由于 $\dfrac{\partial^2 E\prod_w^{xd}}{\partial P_e^2}=-2<0$，说明 $E\prod_m^{xd}$ 是关于 P_e 的凹函数，当

$\dfrac{\partial E\prod_w^{xd}}{\partial P_e}=\theta\alpha-2P_e+(1+\lambda-\delta)\beta P_r+e+c+(w-c)\beta=0$ 时，存在最优的 P_e 为：

$$P_e=\dfrac{\theta\alpha+e+c+(w-c)\beta}{2}+\dfrac{(1+\lambda-\delta)\beta P_r}{2} \tag{5-36}$$

同时，由于 $\dfrac{\partial^2 E\prod_w^{xd}}{\partial e^2}=-k<0$，说明 $E\prod_w^{xd}$ 是关于 e 的凹函数，当

$\dfrac{\partial E\prod_w^{xd}}{\partial e}=(P_e-c)-ke=0$ 时，存在最优的 e 为：

$$e=\dfrac{P_e-c}{k} \tag{5-37}$$

将式（5-37）代入式（5-36），得到：

$$P_e=V+\dfrac{k}{2k-1}(1+\lambda-\delta)\beta P_r \tag{5-38}$$

其中，$V=\dfrac{k\theta\alpha-c+kc+k(w-c)\beta}{2k-1}$。

联立式（5-34）和式（5-38），得到：

$$P_r=\left[U(q)+\dfrac{\beta}{2\lambda}V\right]\Big/\left[1-\dfrac{\beta k}{2\lambda(2k-1)}(1+\lambda-\delta)\beta\right] \tag{5-39}$$

联立式（5-35）和式（5-39），通过迭代 P_r 和 q 的值，得到 P_r 和 q 的最优解：

$$P_r^{***}=\left[U(q^{***})+\dfrac{\beta}{2\lambda}V\right]\Big/\left[1-\dfrac{\beta^2 k}{2\lambda(2k-1)}(1+\lambda-\delta)\right] \tag{5-40}$$

$$q^{***} = F^{-1}\left(\frac{\delta P_r^{***} - w}{\delta P_r^{***} - g}\right) \qquad (5-41)$$

将式（5-40）、式（5-41）依次代入式（5-38）、式（5-37），分别得到：

$$P_e^{***} = V + \frac{k}{2k-1}(1+\lambda-\delta)\beta P_r^{***} \qquad (5-42)$$

$$e^{***} = \frac{V-c}{k} + \frac{(1+\lambda-\delta)}{2k-1}\beta P_r^{***} \qquad (5-43)$$

定理 5："回购+收益分享"的组合契约不能协调医药批发商有销售努力行为的药品双渠道供应链。

证明：根据 Cachon[206] 等的供应链协调定义，当 $P_r^{***} = P_r^{**}$，$e^{***} = e^{**}$，$q^{***} = q^{**}$ 时，医药批发商、医疗机构/零售药店利润达到最大，同时供应链整体利润最大，此时供应链达到协调。

令 $e^{***} = e^{**}$，解得 $\delta = \dfrac{w}{P_r^{**}}$。

将 $\delta = \dfrac{w}{P_r^{**}}$ 代入 $q^{***} = F^{-1}\left(\dfrac{\delta P_r^{***} - w}{\delta P_r^{***} - g}\right)$ 中，由于 $P_r^{**} = P_r^{***}$，得出 $q^{***} = F^{-1}$

(0)，而 $q^{**} = F^{-1}\left(\dfrac{P_r^{**} - c}{P_r^{**} + t_r}\right)$，由于 $P_r^{**} \neq c$，很明显，$q^{**} \neq q^{***}$，与供应链协调定义矛盾。所以，"回购+收益分享"的组合契约不能协调医药批发商有销售努力行为的药品双渠道供应链。证毕。

（二）"回购+收益分享+销售努力成本分担" 组合契约协调策略模型

既然"回购+收益分享"的组合契约不能有效协调供应链，本部分继续考虑"回购+收益分享+销售努力成本分担"的组合契约。假设销售努力成本由医疗机构/零售药店承担 ϕ 份额，其中 $0<\phi<1$，医药批发商承担 $1-\phi$ 份额。于是，医疗机构/零售药店和医药批发商各自的利润函数表示如下：

医疗机构/零售药店的期望利润为：

$$E\prod_r^{xd}(P_r,\ q) = (\delta P_r - w)\overline{D_r} + (\delta P_r - g)s(q) - (w-g)q - \phi C(e)$$

$$(5-44)$$

医药批发商的期望利润为：

$$E \prod_w^{xd}(P_e, e) = (P_e - c)\overline{D_e} + (w - c)(\overline{D_r} + q) + (1 - \delta)P_r(\overline{D_r} + s(q)) - (g + t_w)I(q) - (1 - \phi)C(e) \tag{5-45}$$

利用 Stackelberg 博弈模型进行逆向求解，分别求得：

$$P_r^{****} = \left[U(q^{****}) + \frac{\beta}{2\lambda}Z \right] \Big/ \left[1 - \frac{\beta^2(1-\phi)k}{2\lambda(2k-1)}(1+\lambda-\delta) \right] \tag{5-46}$$

$$q^{****} = F^{-1}\left(\frac{\delta P_r^{****} - w}{\delta P_r^{****} - g} \right) \tag{5-47}$$

$$P_e^{****} = Z + \frac{(1-\phi)k}{2k-1}(1+\lambda-\delta)\beta P_r^{****} \tag{5-48}$$

$$e^{****} = \frac{Z-c}{(1-\phi)k} + \frac{(1+\lambda-\delta)}{2k-1}\beta P_r^{****} \tag{5-49}$$

其中，$Z = \dfrac{(1-\phi)k\theta\alpha - c + (1-\phi)kc + (1-\phi)k(w-c)\beta}{2(1-\phi)k-1}$。

定理6：δ、ϕ、g 参数满足以下条件时，药品双渠道供应链可实现协调。

$$\begin{cases} \phi = \left[G + \dfrac{2\lambda(H-U)}{\beta(1+\lambda)} + \dfrac{Uk\beta(1+\lambda)}{2k-1} - \dfrac{Z}{1+\lambda} + \dfrac{k\beta^2 Z(1+\lambda)}{2\lambda(2k-1)} \right] \Big/ \\ \qquad \left[\dfrac{k\beta^2(1+\lambda-\delta)}{2k-1}\left(\dfrac{G}{2\lambda} - \dfrac{H}{\beta(1+\lambda)} \right) \right] \\[2ex] \delta = \dfrac{(2k-1)[Z-c-t(G-c)]}{(1-\phi)k\beta P_r^{**}} \\[2ex] g = \dfrac{w(P_r^{**}+t_r) - P_r^{**}(c+t_r)\delta}{P_r^{**}-c} \end{cases}$$

证明：根据 Cachon 等学者定义的供应链协调定义，令 $P_r^{****} = P_r^{**}$，得到 $\phi =$
$$\left[G + \frac{2\lambda(H-U)}{\beta(1+\lambda)} + \frac{Uk\beta(1+\lambda)}{2k-1} - \frac{Z}{1+\lambda} + \frac{k\beta^2 Z(1+\lambda)}{2\lambda(2k-1)} \right] \Big/ \left[\frac{k\beta^2(1+\lambda-\delta)}{2k-1}\left(\frac{G}{2\lambda} - \frac{H}{\beta(1+\lambda)} \right) \right]$$

令 $e^{****} = e^{**}$，得到 $\delta = \dfrac{(2k-1)[Z-c-t(G-c)]}{(1-\phi)k\beta P_r^{**}}$。

令 $q^{****} = q^{**}$，得到 $g = \dfrac{w(P_r^{**}+t_r) - P_r^{**}(c+t_r)\delta}{P_r^{**}-c}$。

所以，当参数 δ、ϕ、g 满足以上条件时，药品双渠道供应链可实现协调，达到集中决策下的最优值。证毕。

将 P_r^{****}、q^{****}、P_e^{****}、e^{****} 代入线上线下渠道确定性需求公式，得到：

$$\overline{D_e}^{****} = \theta\alpha - Z + \frac{Z-c}{k} + \frac{(1+\lambda-\delta)\phi k + (2k-1)\lambda}{2k-1}\beta P_r^{****} \tag{5-50}$$

$$\overline{D_r}^{****} = (1-\theta)\alpha + \beta Z + \left[\frac{(1-\phi)k}{2k-1}(1+\lambda-\delta)\beta^2 - \lambda\right]P_r^{****} \tag{5-51}$$

将 P_r^{****}、q^{****}、P_e^{****}、e^{****}、$\overline{D_r}^{****}$、$\overline{D_e}^{****}$ 代入利润函数式（5-44）、式（5-45），得到"回购+收益分享+销售努力成本分担"组合契约协调决策下医疗机构/零售药店和医药批发商利润分别为：

$$E\prod_r^{xd^*}(P_r,\ q) = (\delta P_r^{****} - w)\left\{(1-\theta)\alpha + \beta Z + \left[\frac{(1-\phi)k}{2k-1}(1+\lambda-\delta)\beta^2 - \lambda\right]\right.$$

$$\left. P_r^{****}\right\} + (\delta P_r^{****} - g)s\left(F^{-1}\left(\frac{\delta P_r^{****} - w}{\delta P_r^{****} - g}\right)\right) - (w-g)F^{-1}$$

$$\left(\frac{\delta P_r^{****} - w}{\delta P_r^{****} - g}\right) - \frac{1}{2}\phi k\left[\frac{Z-c}{(1-\phi)k} + \frac{(1+\lambda-\delta)}{2k-1}\beta P_r^{****}\right]^2$$

$$\tag{5-52}$$

$$E\prod_w^{xd^*}(P_e,\ e) = \left[Z + \frac{(1-\phi)k}{2k-1}(1+\lambda-\delta)\beta P_r^{****} - c\right]\left[\theta\alpha - Z + \frac{Z-c}{k} + \right.$$

$$\left.\frac{(1+\lambda-\delta)\phi k + (2k-1)\lambda}{2k-1}\beta P_r^{****}\right] + (w-c)$$

$$\left\{(1-\theta)\alpha + \beta Z + \left[\frac{(1-\phi)k}{2k-1}(1+\lambda-\delta)\beta^2 - \lambda\right]P_r^{****} + \right.$$

$$\left.F^{-1}\left(\frac{\delta P_r^{***} - w}{\delta P_r^{***} - g}\right)\right\} + (1-\delta)P_r^{****}\left\{(1-\theta)\alpha + \beta Z + \right.$$

$$\left[\frac{(1-\phi)k}{2k-1}(1+\lambda-\delta)\beta^2 - \lambda\right]P_r^{****} + s\left(F^{-1}\left(\frac{\delta P_r^{****} - w}{\delta P_r^{****} - g}\right)\right)\right\} -$$

$$(g+t_m)\left[F^{-1}\left(\frac{\delta P_r^{****} - w}{\delta P_r^{****} - g}\right) - s\left(F^{-1}\left(\frac{\delta P_r^{****} - w}{\delta P_r^{****} - g}\right)\right)\right] - \frac{1}{2}$$

$$(1-\phi)k\left[\frac{Z-c}{(1-\phi)k} + \frac{(1+\lambda-\delta)}{2k-1}\beta P_r^{****}\right]^2 E\prod^{xd^*} =$$

$$E \prod{}_r^{xd*} + E \prod{}_w^{xd*} = E \prod{}^{xd*}(q^{****}, P_r^{****}, P_e^{****}, e^{****})$$

$$(5-53)$$

定理7：两种组合契约决策下的供应链整体利润始终高于独立决策下供应链整体利润。

证明：根据式（5-1）、式（5-2），经整理得：

$$E \prod{}^d = \overline{D_r}(P_r - c) + \overline{D_e}(P_e - c) + (P_r + t_r)s(q) - (c + t_r)q - \frac{1}{2}ke^2$$

根据式（5-32）、式（5-33）、式（5-44）和式（5-45），经整理得：

$$E \prod{}^{xd} = \overline{D_r}(P_r - c) + \overline{D_e}(P_e - c) + (P_r + t_m)s(q) - (c + t_m)q - \frac{1}{2}ke^2$$

$$\Delta E = E \prod{}^{xd} - E \prod{}^d = (t_w - t_r)\left(-\frac{q^2}{2b}\right)$$，由于 $t_w < t_r$，得到 $\Delta E > 0$，从而得出结论：两种组合契约决策下的供应链整体利润始终高于独立决策下供应链整体利润。

由定理6和定理7可知，两种组合契约决策下的供应链整体利润始终要高于独立决策下供应链整体利润，但只有"回购+收益分享+销售努力成本分担"的组合契约协调机制能够协调药品双渠道供应链，使之达到集中决策下的最优解。

四、算例分析

本部分主要通过算例仿真来验证理论研究得出结论的正确性和有效性，同时分析关键参数对药品双渠道供应链的最优决策和利润的影响。结合药品市场情况，选取参数：$\alpha = 15$，$c = 4$，$w = 10$，$t_r = 2$，$t_w = 1$，$\beta = 0.1$，$k = 0.6$，$b = 20$。目前，医保支付在我们国家主要适用于线下实体渠道，大体可分为三类：第一类全额医保报销药品，第二类部分医保报销药品，第三类全额自费药品。λ 表示药品自付比例，$1 - \lambda$ 表示医保报销比例。由于医保不能直接在线上支付，消费者特别是对药品需求较大的中老年消费者更多地在线下实体渠道购药，假设消费者对线上渠道的接受度 $\theta = 0.2$。

（一）独立决策下，医保报销比例及销售努力程度对最优决策的影响分析

在独立决策下，对关键参数 λ 和 e 进行灵敏度分析，探讨不断改变参数值对最优决策的影响。

（1）对 λ 进行灵敏度分析，分析结果如图 5-2（a）、图 5-2（b）、图 5-2（c）和图 5-3 所示。

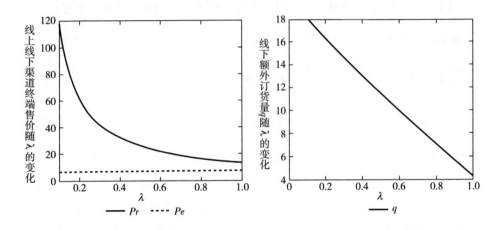

图 5-2(a)　λ 取值对线下渠道销售价格的影响　　**图 5-2(b)　λ 取值对订货量 q 的影响**

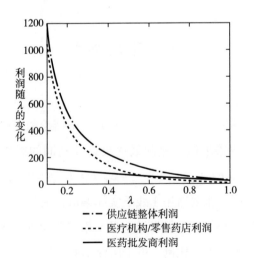

图 5-2(c)　λ 取值对利润的影响

图 5-2 (a) 显示在药品双渠道供应链中,医疗机构/零售药店最优线下零售价与线上医药批发商最优直销价受医保支付比例的影响。由图 5-2 (a) 可知,随着消费者自付比例 λ 值不断增大（医保报销比例 $1-\lambda$ 不断降低）,医疗机构/零售药店终端售价不断降低,或者说医保报销比例越高,医疗机构/零售药店最优定价越高。因为一旦自付比例增加,线下消费者更容易转向线上购药,为了吸引消费者,并应对线上的价格优势,此时,线下渠道不得不降低价格。对医药批发商而言,受医保政策影响相对较小,随着医保支付比例的上升（自付比例的下降）,售价微微下调。并且,线上线下定价随着医保报销比例的上升,定价差异越来越大。因此,医保报销政策中医保支付的比例大小会直接影响到线下药品定价。报销比例越高,线下渠道终端定价越高;报销比例越低,线下渠道终端定价越低。但在实际情况下,基于当前医保控费、带量采购等大环境的影响,线下渠道定价不可能无限上升。

图 5-2 (b) 显示的是消费者药品自付比例与医疗机构/零售药店满足线下随机需求的最优订货量之间的关系。随着 λ 值的不断提升,也就是随着医保报销比例的不断降低,线下药品需求会降低,这将直接导致线下额外订货量的下降。图 5-2 (b) 呈现的是 λ 值和 q 之间的反比关系。

图 5-2 (c) 显示的是医保报销比例对供应链成员利润以及供应链整体利润的影响。随着医保报销比例的逐渐降低,供应链整体利润以及供应链成员利润都在逐渐减少。从图 5-2 (c) 中还可以看出,医保报销比例越高的情况下,消费者越偏好在线下零售商购买药品,从而导致医疗机构/零售药店利润超过了医药批发商。而当消费者自付比例超过一定的范围时,消费者则更偏好在线上渠道购买药品,享受低价带来的价格福利,从而医药批发商的利润又超过了医疗机构/零售药店。由此可知,医保报销政策不仅会影响到消费者的渠道选择,同样会影响到医药批发商和医疗机构/零售药店的利润。总结而言,医保报销比例降低,对医药批发商和医疗机构/零售药店整体绩效都不利。

图 5-3 显示的是医保报销比例与医药批发商销售努力之间的关系。当药品自付比例很低,也就是医保报销额度非常高时,医药批发商不会进行很努力的销售。因为在这种情况下,无论医药批发商如何在线上进行努力销售,消费者都更倾向于选择通过医保线下购买药品。此时,医药批发商销售越努力,成本越高,

但效果却不一定明显。因此，这种情况下医药批发商反倒不会努力销售。只有当消费者线下药品自付比例较高时，为吸引消费者线上购买药品，在此情况下反倒会促使医药批发商更努力地销售。

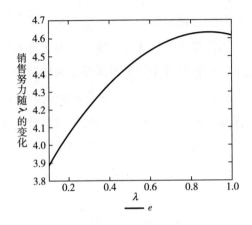

图 5-3 λ 取值对销售努力 e 的影响

（2）对 e 进行灵敏度分析，分析结果如图 5-4 所示。

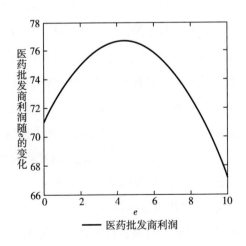

图 5-4 e 取值对医药批发商利润的影响

图 5-4 显示的是医药批发商销售努力程度对其利润的影响。随着销售努力程

度的不断增强，医药批发商利润不断增加，但当销售努力程度达到一定的临界点再增加时，医药批发商的利润呈现不增反降趋势。这主要是因为，要提高销售努力程度，必须增加销售努力成本，一旦提高销售努力程度所耗用的成本超过由于销售努力所带来收益的增加时，利润便会降低。所以，医药批发商不可能永无止境地去提高销售能力，而是控制在成本效益适中所允许的一定范围之内。

（二）独立决策与集中决策的比较分析

在独立决策和集中决策下，对关键参数 λ 和 e 进行灵敏度分析，探讨不断改变 λ 值对两种决策下医疗机构/零售药店额外订货量以及供应链整体利润的影响以及不断改变 e 值对两种决策下供应链整体利润的影响。

（1）对 λ 进行灵敏度分析，分析结果如图5-5（a）、图5-5（b）所示。

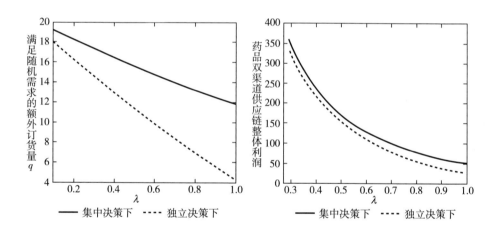

图5-5(a) 两种决策下额外订货量比较 图5-5(b) 两种决策下供应链整体利润比较

图5-5（a）显示的是在独立决策和集中决策下，随着药品自付比例 λ 值的不断变化，医疗机构/零售药店额外订货量发生变化的情形。很明显，无论是独立决策下还是集中决策下，满足随机需求的额外订货量均随着药品自付比例的增大或医保报销比例的降低而不断降低。也就是说，医保报销比例的增加有助于医疗机构/零售药店订购更多的药品。同时从图5-5（a）中可以看到，集中决策下的额外订货量始终要高于独立决策下的额外订货量，并且随着药品自付比例的不

断上升或医保报销比例的不断降低，两种决策下的差距越来越明显。

图 5-5（b）显示的是在独立决策与集中决策下，随着医保报销比例（1-λ）值的不断变化，药品供应链整体利润发生变化的情形。在两种决策下，随着医保报销比例的不断降低，供应链整体利润均呈现下降趋势，但集中决策下的供应链整体利润始终高于独立决策下的供应链整体利润，并且随着医保报销比例的不断降低或药品自付比例的不同上升，两种决策下的差距越来越明显。

（2）对 e 进行灵敏度分析，分析结果如图 5-6 所示。

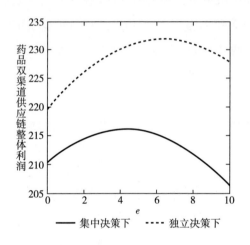

图 5-6　两种决策下药品供应链整体利润比较

图 5-6 显示的是在独立决策与集中决策下，随着医药批发商销售努力程度 e 值的不断变化，药品供应链整体利润发生变化的情形。在两种决策下，随着医药批发商销售努力程度的不断增强，供应链整体利润均呈现先升后降的趋势。并且，由于集中决策下的最优销售努力程度大于独立决策下的最优销售努力程度，所以，在独立决策下供应链整体利润呈现下降趋势时，集中决策下的利润仍在上升，集中决策下利润开始呈现下降趋势的 e 值高于独立决策下。同时，从图 5-6 中可以明显看出，集中决策下的供应链整体利润始终高于独立决策下的供应链整体利润。同样，随着医药批发商销售努力程度 e 值的不断上升，两种决策下的差距越来越明显。

（三）独立决策与"回购+收益分享+销售努力成本分担"组合契约协调决策的比较分析

在独立决策与该组合契约协调决策下，对关键参数 λ 和 e 进行灵敏度分析，探讨不断改变 λ 值和 e 值对两种决策下供应链各成员利润以及整体利润的影响。同时，探讨组合契约协调下参数 δ，g，ϕ 的取值范围。

（1）对 λ 进行灵敏度分析，分析结果如图5-7（a）、图5-7（b）所示；对 e 进行灵敏度分析，分析结果如图5-8（a）、图5-8（b）所示。

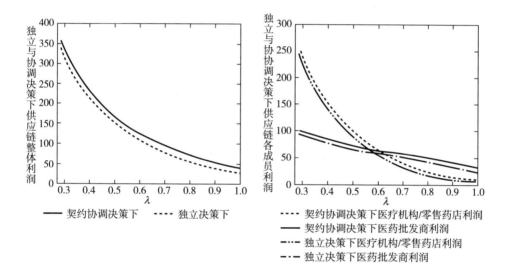

图5-7(a)　两种决策下供应链整体利润比较　图5-7(b)　两种决策下供应链成员利润比较

图5-7（a）、图5-7（b）显示的是对 λ 进行灵敏度分析，两种决策下供应链整体利润以及供应链各成员利润的变化情况。很明显，虽然随着药品自付比例的不断提升或医保报销比例的不断下降，供应链各成员利润以及供应链整体利润都在下降，但组合契约协调下的供应链整体利润及各成员利润始终高于独立决策下的供应链整体利润及各成员利润，且能达到集中决策下的最优值，说明基于"回购+收益分享+销售努力成本分担"组合契约可以协调药品双渠道供应链。

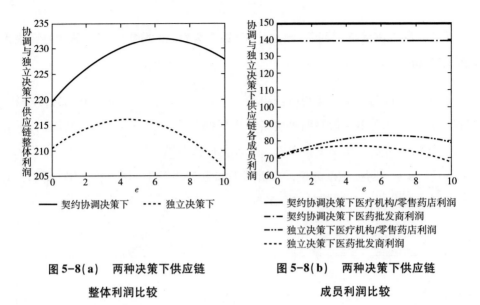

图 5-8(a)　两种决策下供应链
整体利润比较

图 5-8(b)　两种决策下供应链
成员利润比较

图 5-8（a）、图 5-8（b）显示的是对 e 进行灵敏度分析，两种决策下供应链整体利润以及供应链各成员利润的变化情况。随着医药批发商销售努力程度的不断提升，医药批发商利润以及供应链整体利润均呈现先升后降趋势，但组合契约协调下的供应链整体利润及各成员利润始终高于独立决策下的整体利润及各成员利润，且能达到集中决策下的最优值，同样再次说明基于"回购+收益分享+销售努力成本分担"组合契约可以协调药品双渠道供应链。

（2）组合契约协调决策下参数 δ，g，ϕ 的取值范围，如图 5-9、图 5-10、图 5-11 所示。

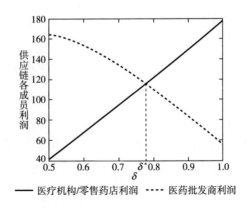

图 5-9　供应链成员利润随 δ 的变化

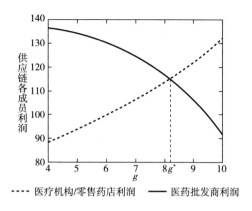

图 5-10　供应链成员利润随 g 的变化

图 5-9、图 5-10、图 5-11 显示的是药品双渠道供应链各成员利润随参数 δ，g，ϕ 变化的情况。随着分享给医药批发商的收益比例 $1-\delta$ 越来越低，医药批发商的利润会越来越低，而医疗机构/零售药店的利润会越来越高，如图 5-9 所示，分享比例 $1-\delta$ 的取值范围为 $[0, 1-\delta^*]$。药品回购价格的提高会刺激医疗机构/零售药店订购更多的药品，从而使医疗机构/零售药店利润呈上升趋势，但也会引起医药批发商成本的增加从而导致其利润不断降低，如图 5-10 所示，g 的取值范围为 $[0, g^*]$。销售努力成本分担比例 ϕ 的增加会激发医药批发商提升促销能力的动力，同时会增加医疗机构/零售药店的成本分担，随着 ϕ 值的不断增加，医药批发商利润呈上升趋势，而医疗机构/零售药店利润呈下降趋势，如图 5-11 所示，ϕ 的取值范围为 $[0, \phi^*]$。

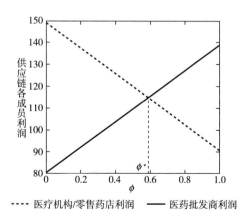

图 5-11　供应链成员利润随 ϕ 的变化

五、本章小结

本章研究了考虑线上需求稳定，线下需求随机，同时受医保政策和销售努力程度影响的两级药品双渠道供应链模型的构建和协调问题，通过分析得出以下主要结论：

（1）独立决策下，医保报销比例会通过影响供需关系从而影响到医疗机构/零售药店的线下渠道定价、药品订货量及利润，同时也会影响到医药批发商的利润及供应链整体利润。通过数值仿真可知，首先，随着医保报销比例的不断提升，线下渠道终端定价、线下满足随机需求的额外订购量、供应链各成员利润以及供应链整体利润都会出现不同程度的上升，但医药批发商利润增长幅度远低于医疗机构/零售药店增长幅度。医保报销比例越高，消费者越偏好传统线下渠道购药。因此，在当前医保支付限于线下渠道的大环境下，过高的医保报销比例会影响医药批发商线上渠道的发展，这也是为什么药品线上销售不像其他商品线上销售，受政策影响比较大。但是，过低的医保报销比例又会影响到传统线下渠道的市场需求，从而直接影响到医疗机构/零售药店的供应链绩效。在目前这种药品双渠道销售模式下，当医保报销比例控制在一定的范围时，传统线下渠道和网络直销渠道都可以获得正常的市场需求。其次，医保报销比例大小会直接影响到医药批发商的销售努力程度，两者呈反比例关系，这说明医保报销比例越低反倒更易于激励医药批发商提高销售努力水平。随着销售努力水平的不断提升，医药批发商利润不断上升，但增加到一个临界点（销售努力提升耗费的边际成本超过由于销售努力所带来的边际收益）时，利润开始呈现下降趋势。

由此可知，医保报销政策不仅会影响到消费者的渠道选择，同时会影响到医药批发商的销售努力程度以及医药批发商、医疗机构/零售药店各自的利润。医保报销比例的增加对医疗机构/零售药店和医药批发商都有利，但对于没有医保支付的极少数消费者而言则加重了他们的支付负担。在医保控费大背景下，国家应该平衡医药企业和消费者之间的利益关系，合理设定医保报销药品种类，并制定合适的医保报销比例。

（2）由独立决策与集中决策比较分析的数值仿真结果可知，随着医保报销比例的不断提升，集中决策下的医疗机构/零售药店满足随机需求的额外订货量以及药品供应链整体利润均高于独立决策下，但两种决策下的差距会越来越小。也就是说，医保报销比例的提升有利于独立决策下的供应链指标值向集中决策下的最优指标值靠近。因此，当药品的医保报销比例较低时，供应链的协调合作将更加有利于供应链整体利润的提升。同样，随着医药批发商销售努力程度的不断提升，集中决策下的药品供应链整体利润始终高于独立决策下，而且，两种决策下的差距会越来越明显。所以，加强药品供应链上各利益主体间的合作，有利于供应链整体利润的提升。并且，医药批发商只有在与医疗机构/零售药店合作的过程中，提高销售努力程度对整体供应链绩效才更有效果。

（3）在对于组合契约机制协调药品双渠道供应链方面，本章首先设计了"回购+收益分享"组合契约协调机制，经理论推导得知，该组合契约决策下的供应链整体利润虽然高于分散决策下供应链整体利润，但并不能达到集中决策下的最佳效果。于是，在此基础上，本章继续设计了"回购+收益分享+销售努力成本分担"的组合契约协调机制。其中，回购契约有助于医疗机构/零售药店加大订购量；收益分享契约有利于降低渠道间的恶意竞争，增强渠道间的合作；销售努力成本分担契约则有助于医药批发商做出更多的销售努力，扩大药品知名度，潜在影响药品的需求。通过算例分析验证得知，当回购价 g、收益分享比例 δ 以及成本分担比例 ϕ 等参数满足一定的条件时，可以有效协调药品双渠道供应链，并逐步达到集中决策下供应链整体利润的最优值。

供应链各方利益主体在合作时，通常需要考虑各种因素对供应链的影响。本章在研究双渠道销售模式过程中仅考虑了医保报销政策和医药批发商销售努力对药品供应链的影响。如果换个视角，站在消费者和整个社会的角度，考虑消费者收入、消费者品牌忠诚度、企业社会责任等因素对供应链绩效以及社会福利的影响很值得进一步的探索与研究。同时，本章仅探讨了单一医药批发商通过双渠道模式满足市场需求的问题，未来可以进一步研究多家药企之间的渠道竞争等相关问题。

第六章　消费者效用视角下考虑研发创新和第三方平台扣费率的药品双渠道供应链协调决策研究

制药企业双渠道销售模式中基于流量和消费者黏度考虑，线上销售主要通过第三方平台进行，为此需要支付平台一定的扣费率（或称佣金）。目前关于药品双渠道销售模式的研究中，鲜有文献考虑支付给平台的扣费率。本章研究考虑制药企业的研发创新能力和第三方平台扣费率对需求和供应链的影响，基于消费者效用理论，分别建立离散决策、协同决策、组合契约协调决策三种模型，对比、分析不同决策下研发创新和平台扣费率对药品双渠道供应链成员利润、供应链整体利润及消费者福利的影响。

一、问题分析

医药产业的发展关乎到国计民生，创新药物研发则直接关系到人们的生命健康和生活质量。随着我国老龄化率、城镇化率不断加速，癌症、心脑血管、肿瘤发病率持续走高，对药物尤其是创新药物的需求持续增大。再加上随着我国居民可支配收入的稳步提升，居民的健康、保健意识持续增强，医疗保健消费支出持续上涨，这必然也会推动创新药物的发展。据 Frost & Sullivan、中商产业研究院整理数据显示，目前，我国创新药的市场规模占中国制药市场总规模的 55.7%，创新药物的市场规模从 2016 年的 7554 亿元增加到 2021 年的 10488 亿元[210]。药物研发对药企来说不仅投入高而且风险大，再加上我国医药企业普遍规模小，研发投入意愿不高，药物创新基础薄弱，医药技术创新和科技成果迅速产业化的机制尚未完全形成。从现阶段来说，国内本土创新药的研发能力仍是比较匮乏，特别是靶向药、单抗药等高端抗癌药领域，仍以进口原研药为主[211-212]。为此，近几年国家从各个层面出台多部政策鼓励药企创新，越来越多的国产创新药上市并且不断与国际接轨。Huang 等（2022）[213] 探讨了政府补贴策略对医药企业新药研发、利润及社会福利的影响。他们认为政府补贴策略能够促进医药企业的研发投入，对医药企业的利润和社会福利具有正向激励作用。Wu 等（2021）[214] 也认为研发补贴对企业研发活动具有显著的正向刺激作用。Nandy（2022）[215] 通过研究表明，制药公司需要采取适当的努力，在研发上投入大量资金，为制药业务带来创新。但是对于制药企业加大药物研发投入，促进药物研发、创新，到底对企业的绩效影响有多大？能否带来消费者福利的显著增加？这方面的研究却鲜有涉入。

在制药企业双渠道销售模式方面，诸多学者对于线上销售模式并没有考虑到电商平台收取的平台扣费率[15,16,38]，这是不太符合实际情况的。目前，电商平台包括两大主流业务：自营和纯第三方平台业务。第三方平台业务即搭建网络销售平台，运用流量入口优势吸引商家入驻，通过技术、运营等服务收取一定的佣金。所以，制药企业通过第三方平台进行线上销售是需要缴纳一定佣金的。

为此，本章基于侯文化（2019）[14]、张伸（2019）[76] 等的研究，考虑第三方平台收取的佣金，从消费者效用视角，结合制药企业的研发创新能力对需求和供应链的影响，研究关键参数变化对供应链成员绩效及消费者福利的影响，研究药品双渠道供应链的协调决策问题，并得出有效结论。本章的研究内容将从以下四个方面展开：

（1）研究离散决策和协同决策下的最优均衡解；

（2）研究关键参数（平台扣费率、研发创新能力）变化对均衡解和最优决策的影响；

（3）研究离散决策下的供应链协调问题，设计组合契约协调机制，探讨相关参数的取值范围；

（4）通过 Matlab 数值仿真和参数的灵敏度分析，验证相关参数的取值范围，更进一步证明契约协调的有效性和可执行性。

二、符号说明与需求模型建立

本章研究的药品双渠道供应链由一个药品生产商、一个药品零售商、一个第三方平台组成，药品生产商通过线上线下销售药品，线下通过药品零售商进行，线上通过第三方平台进行。其中，第三方平台不参与供应链系统的决策过程，仅以中介身份收取一定的佣金（扣费），扣费率为外生变量，对药品供应链系统产生影响，而其本身不受供应链系统的影响。

（一）符号说明

本章中所涉及的符号及相关解释如表6-1所示。

表6-1　符号及相关解释

决策变量	相关解释
P_r	线下零售渠道单位药品终端销售价格
P_d	线下零售渠道单位药品批发价格
P_e	线上直销渠道单位药品终端销售价格
Q_r	线下零售渠道药品需求量
Q_e	线上直销渠道药品需求量
e	药品生产商研发创新能力
δ	药品零售商分享给药品生产商的收益比例 $\delta \in (0, 1)$
其他参数	相关解释
U_0	消费者对药品生产商提供药品的初始认知价值，服从 $[0, 1]$ 均匀分布
θ	消费者对线下零售渠道购药的接受比例 $\theta \in (0, 1)$
S	消费者剩余
λ	药品自付比例，考虑线下零售渠道医保支付，医保支付比例 $(1-\lambda)$，$\lambda \in (0, 1)$

续表

其他参数	相关解释
β	消费者对药品研发创新能力的敏感系数
μ	研发创新成本系数
t	网络电商平台收取的扣费率 $t \in (0, 1)$
ε	政府补贴系数 $\varepsilon \in (0, 1)$
σ	批发价折扣率 $\sigma \in (0, 1)$
Z^c	协同决策时供应链系统整体利润
Z^d	离散决策时供应链系统整体利润
$Z_m{}^d$	离散决策时药品生产商利润
$Z_r{}^d$	离散决策时药品零售商利润
Z^x	契约协调决策时应链系统整体利润
$Z_m{}^x$	契约协调决策时药品生产商利润
$Z_r{}^x$	契约协调决策时药品零售商利润

（二）需求模型建立

从消费者效用角度出发，根据消费者线下零售渠道购药接受度 θ，线上直销渠道购药接受度 $1-\theta$，结合我国实体渠道医保支付特性，借鉴文献[138][216]，设定消费者从线下零售渠道购买药品的效用函数为：$U_r = \theta U_0 - \lambda P_r + \beta e$；消费者从线上直销渠道购买药品的效用函数为：$U_e = (1-\theta) U_0 - P_e + \beta e$。消费者均为理性消费者，当他们对于线上线下渠道的效用值 U_r，U_e 满足 $U_r > 0$ 和 $U_e > 0$ 时，消费者便会根据渠道偏好从不同渠道购买药品。当 $U_r > 0$ 时，$U_r{}' = U_0 > \dfrac{\lambda P_r - \beta e}{\theta}$，线下零售渠道有需求；当 $U_e > 0$ 时，$U'_e = U_0 > \dfrac{P_e - \beta e}{1-\theta}$，线上直销渠道有需求。在此条件下，将药品生产商和药品零售商需求函数分别定义为：$Q_r = X \displaystyle\int_{U_r{}'}^{1} dU_r$，$Q_e = Y \displaystyle\int_{U'_e}^{1} dU_e$。

不失一般性地，设定 X，Y 标准化为 1，则 $Q_r = \displaystyle\int_{U_r{}'}^{1} dU_r = 1 - \dfrac{\lambda P_r - \beta e}{\theta}$，$Q_e = $

$\int_{U'_e}^{1} dU_e = 1 - \dfrac{P_e - \beta e}{1 - \theta}$。此时，$P_r^{\max} = \dfrac{\theta + \beta e}{\lambda}$，$P_e^{\max} = 1 - \theta + \beta e$，消费者剩余可以表

示为：$S = \int_{P_r}^{P_r^{\max}} Q_r dP + \int_{P_e}^{P_e^{\max}} Q_e dP = \dfrac{Q_r(\theta + \beta e)}{\lambda} + Q_e(1 - \theta + \beta e) - Q_r P_r - Q_e P_e$。

三、决策模型的构建与分析

（一）离散决策模型

在离散决策模型下，药品生产商和药品零售商独立决策，互不合作，双方均以利润最大化为唯一决策标准，整条供应链决策顺序依次为：医药生产商接受第三方电商平台提出的佣金收费契约（收取扣费率 t），确定线上销售价格 P_e，同时以批发价格 P_d 将药品批发给线下药品零售商，药品零售商再以零售价 P_r 将药品售出，通过这种线上线下双渠道销售模式来满足市场对药品的需求。在此过程中，主要将药品生产商和药品零售商作为两个决策主体，而线上销售平台仅作为第三方平台，为药品生产商提供线上销售服务，收取一定的佣金，佣金比例为外生给定，影响供应链系统，但不受供应链系统的影响。在此销售模式下，假设只考虑药品的生产成本，则药品生产商和药品零售商利润函数分别表示如下：

$$Z_m{}^d = \left[(1-t)P_e - c\right]\left(1 - \dfrac{P_e - \beta e}{1 - \theta}\right) + (P_d - c)\left(1 - \dfrac{\lambda P_r - \beta e}{\theta}\right) - \dfrac{1}{2}\mu e^2 \qquad (6-1)$$

$$Z_r{}^d = (P_r - P_d)\left(1 - \dfrac{\lambda P_r - \beta e}{\theta}\right) \qquad (6-2)$$

定理1：在离散决策模型中，对药品生产商而言，存在唯一最优的研发创新能力 e^*，唯一最优的线上销售价 P_e^* 和唯一最优的批发价 P_d^*；对药品零售商而言，存在唯一最优的线下零售价 P_r^*，即：

$$e^* = \dfrac{\left[2\lambda(1-t)+1\right]\theta(1-\theta) - \lambda c(1+\theta)}{\left(\dfrac{4\mu}{\beta}\lambda\theta - \beta\right)(1-\theta) - 2\lambda\theta\beta(1-t)}$$

$$P_e^* = \frac{1-\theta}{2} + \frac{c}{2(1-t)} + \frac{[2\lambda(1-t)+1]\theta(1-\theta) - \lambda c(1+\theta)}{\left(\frac{8\mu}{\beta^2}\lambda\theta - 2\right)(1-\theta) - 4\lambda\theta(1-t)}$$

$$P_d^* = \frac{\theta}{2\lambda} + \frac{c}{2} + \frac{[2\lambda(1-t)+1]\theta(1-\theta) - \lambda c(1+\theta)}{\left(\frac{8\mu}{\beta^2}\lambda^2\theta - 2\lambda\right)(1-\theta) - 4\lambda^2\theta(1-t)}$$

$$P_r^* = \frac{3\theta}{4\lambda} + \frac{c}{4} + \frac{[6\lambda\theta(1-t)+3\theta](1-\theta) - 3\lambda c(1+\theta)}{\left(\frac{16\mu}{\beta^2}\lambda^2\theta - 4\lambda\right)(1-\theta) - 8\lambda^2\theta(1-t)}$$

证明：根据 Stackelberg 博弈模型，采用逆向推导法，首先求解 Z_r^d 关于 P_r 的

二阶偏导数，得出 $\frac{\partial^2 Z_r^d}{\partial P_r^2} = -\frac{2\lambda}{\theta} < 0$，说明当 $\frac{\partial Z_r^d}{\partial P_r} = 0$ 时，存在唯一最优解 P_r，使得 Z_r^d

最大。此时，$\frac{\partial Z_r^d}{\partial P_r} = 1 - \frac{2\lambda}{\theta}P_r + \frac{\beta e}{\theta} + \frac{\lambda P_d}{\theta} = 0$，得出：

$$P_r = \frac{\theta}{2\lambda} + \frac{P_d}{2} + \frac{\beta}{2\lambda}e \tag{6-3}$$

将 P_r 代入 Z_m^d，得到 $Z_m^d = [(1-t)P_e - c]\left(1 - \frac{P_e - \beta e}{1-\theta}\right) + (P_d - c)\left(\frac{\theta - \lambda P_d + \beta e}{2\theta}\right) - \frac{1}{2}\mu e^2$

继而对 Z_m^d 式中的 P_e、P_d、e 求二阶偏导，得出：$\frac{\partial^2 Z_m^d}{\partial P_e^2} = -\frac{2(1-t)}{1-\theta} < 0$，

$\frac{\partial^2 Z_m^d}{\partial P_d^2} = -\frac{\lambda}{\theta} < 0$，$\frac{\partial^2 Z_m^d}{\partial e^2} = -\mu < 0$，说明 Z_m^d 是决策变量 P_e、P_d、e 的凹函数，存在唯

一最优解 P_e、P_d、e，使得药品生产商利润达到最优。

令 $\frac{\partial Z_m^d}{\partial P_e} = 0$，解得 $P_e = \frac{1-\theta}{2} + \frac{c}{2(1-t)} + \frac{\beta}{2}e \tag{6-4}$

令 $\frac{\partial Z_m^d}{\partial P_d} = 0$，解得 $P_d = \frac{\theta}{2\lambda} + \frac{c}{2} + \frac{\beta}{2\lambda}e \tag{6-5}$

令 $\frac{\partial Z_m^d}{\partial e} = 0$，解得 $e = \frac{(1-t)\beta}{\mu(1-\theta)}P_e + \frac{\beta}{2\mu\theta}P_d - \frac{\beta c}{\mu(1-\theta)} - \frac{\beta c}{2\mu\theta} \tag{6-6}$

联立式（6-4）、式（6-5）和式（6-6），依次解得：

$$e^* = \frac{[2\lambda(1-t)+1]\theta(1-\theta)-\lambda c(1+\theta)}{\left(\dfrac{4\mu}{\beta}\lambda\theta-\beta\right)(1-\theta)-2\lambda\theta\beta(1-t)} \tag{6-7}$$

$$P_e^* = \frac{1-\theta}{2}+\frac{c}{2(1-t)}+\frac{[2\lambda(1-t)+1]\theta(1-\theta)-\lambda c(1+\theta)}{\left(\dfrac{8\mu}{\beta^2}\lambda\theta-2\right)(1-\theta)-4\lambda\theta(1-t)} \tag{6-8}$$

$$P_d^* = \frac{\theta}{2\lambda}+\frac{c}{2}+\frac{[2\lambda(1-t)+1]\theta(1-\theta)-\lambda c(1+\theta)}{\left(\dfrac{8\mu}{\beta^2}\lambda^2\theta-2\lambda\right)(1-\theta)-4\lambda^2\theta(1-t)} \tag{6-9}$$

将式（6-7）和式（6-9）代入式（6-3），解得：

$$P_r^* = \frac{3\theta}{4\lambda}+\frac{c}{4}+\frac{[6\lambda\theta(1-t)+3\theta](1-\theta)-3\lambda c(1+\theta)}{\left(\dfrac{16\mu}{\beta^2}\lambda^2\theta-4\lambda\right)(1-\theta)-8\lambda^2\theta(1-t)} \tag{6-10}$$

均衡结果如定理1所示，证毕。

继续将求出的均衡解式（6-7）、式（6-8）、式（6-9）和式（6-10）代入 Z_m^d 和 Z_r^d 中，则离散决策下药品生产商、药品零售商最优利润以及供应链整体最优利润可以分别表示为：

$$Z_m^{d\,*} = \left[(1-t)P_e^*-c\right]\left(1-\frac{P_e^*-\beta e^*}{1-\theta}\right)+(P_d^*-c)\left(1-\frac{\lambda P_r^*-\beta e^*}{\theta}\right)-\frac{1}{2}\mu e^{*\,2} \tag{6-11}$$

$$Z_r^{d\,*} = (P_r^*-P_d^*)\left(1-\frac{\lambda P_r^*-\beta e^*}{\theta}\right) \tag{6-12}$$

$$Z^{d\,*} = \left[(1-t)P_e^*-c\right]\left(1-\frac{P_e^*-\beta e^*}{1-\theta}\right)+(P_r^*-c)\left(1-\frac{\lambda P_r^*-\beta e^*}{\theta}\right)-\frac{1}{2}\mu e^{*\,2} \tag{6-13}$$

定理2：对于离散决策下的研发创新能力，当 $0<e<e^*$ 时，药品生产商的利润随着研发创新能力的增强而增大；当 $e=e^*$ 时，药品生产商的利润达到最优；当 $e>e^*$ 时，药品生产商的利润随着研发创新能力的增强而逐渐降低，此时，药品生产商为了提高研发创新能力所消耗的边际成本已经超过了由于研发创新能力提升所带来的边际收益。

证明：由 $\dfrac{\partial^2 Z_m^d}{\partial e^2}=-\mu<0$ 以及式（6-7）中 e 的均衡解 e^* 可知，药品生产商的利润随 e 值变化先增后减，临界点为 e^*。证毕。

定理 1 和定理 2 表明，在离散决策模型中，存在最优的唯一均衡解能够使得药品生产商、药品零售商以及供应链整体绩效达到最优。药品生产商和药品零售商在定价时不仅要考虑到消费者的渠道偏好、国家医保报销政策对供应链的影响，同时还需要考虑到平台扣费率的影响。药品生产商提高研发创新能力到一定程度时，能够使得药品生产商利润达到最大值，再增加投入提高研发创新能力时，利润反倒呈现下降趋势。对药品生产商而言，其最优研发创新能力取值不仅与渠道接受度、医保支付比例、消费者对药品研发创新能力的敏感系数、研发创新成本系数等多种因素相关，也与平台扣费率相关。

定理 3：药品零售商利润随着药品生产商研发创新能力的提升而不断提升。

证明：由 $\dfrac{\partial Z_r^{\ d}}{\partial e} = \dfrac{(P_r - P_d)\beta}{\theta} > 0$ 可知，药品零售商利润随着研发创新能力的提升而不断提升。证毕。

推论 1：离散决策下，药品生产商和药品零售商最优定价均与平台扣费率相关。其中，药品生产商最优线上定价与平台扣费率呈正比关系，最优线下批发定价与平台扣费率呈反比关系；药品零售商最优定价与平台扣费率呈反比关系。离散决策下，线上线下最佳需求量均与平台扣费率呈反比关系。离散决策下，药品生产商的研发创新能力与平台扣费率呈反比关系。

证明：由式（6-4）可知 $\dfrac{\partial P_e^{\ *}}{\partial t} = \dfrac{c}{2(1-t)^2} > 0$，所以，药品生产商最优线上定价与平台扣费率呈正比关系，即随着线上平台不断提高扣费率，药品生产商需不断提高线上定价来应对。

对于药品生产商的线下药品批发价与平台扣费率之间，由于 $\dfrac{\partial P_d^{\ *}}{\partial t} = \dfrac{\partial P_d^{\ *}}{\partial e^{\ *}} \times \dfrac{\partial e^{\ *}}{\partial t}$，根据式（6-5）可知，$\dfrac{\partial P_d^{\ *}}{\partial e^{\ *}} = \dfrac{\beta}{2\lambda} > 0$，而 $\dfrac{\partial e^{\ *}}{\partial t} < 0$，于是，$\dfrac{\partial P_d^{\ *}}{\partial t} < 0$，说明药品生产商最优线下批发定价与平台扣费率呈反比关系。

同样，对于药品零售商终端最优定价与平台扣费率之间，因 $\dfrac{\partial P_r^{\ *}}{\partial t} = \dfrac{\partial P_r^{\ *}}{\partial e^{\ *}} \times \dfrac{\partial e^{\ *}}{\partial t}$，根据式（6-3）、式（6-5）可知，$\dfrac{\partial P_r^{\ *}}{\partial e^{\ *}} = \dfrac{3\beta}{4\lambda} > 0$，而 $\dfrac{\partial e^{\ *}}{\partial t} < 0$，所以，$\dfrac{\partial P_r^{\ *}}{\partial t} < 0$，表明

药品零售商最优定价与平台扣费率呈反比关系。

同理可求得 $\frac{\partial Q_r^*}{\partial t}=\frac{\partial Q_r^*}{\partial e^*}\times\frac{\partial e^*}{\partial t}<0$，$\frac{\partial Q_e^*}{\partial t}=\frac{\partial Q_e^*}{\partial e^*}\times\frac{\partial e^*}{\partial t}<0$，所以，线上线下最佳需求均与平台扣费率负相关。

由式（6-7）可知 $\frac{\partial e^*}{\partial t}<0$，于是，药品生产商的最优研发创新能力随着平台扣费率的不断提升而出现不断下降，两者之间呈反比关系。证毕。

定理 3 和推论 1 表明：其一，对于药品零售商而言，由于不需要承担研发创新所需的高额成本，因此，其利润随着研发创新能力的提升而不断提升。其二，平台扣费率影响药品生产商的研发创新能力，两者呈反比例关系。药品生产商投入研发创新成本，提高了企业的研发创新能力，第三方销售平台享受"搭便车"好处，通过提高平台扣费率攫取更高利益，从而降低了药品生产商的研发创新积极性，导致研发创新能力下降。其三，平台扣费率不仅影响供应链成员定价，同时也影响线上线下渠道需求。平台收取的佣金越高，药品生产商会相应提高线上药品售价，从而减少了线上需求，于是消费者会转到线下，增加线下需求。但由于平台扣费率的增加同时会降低药品生产商的研发创新能力，而研发创新能力的降低又会降低线下需求。于是，两者相互影响的结果会导致线下需求不仅不会上升，反而会出现非常小幅度的下降，但下降幅度不会太明显。

（二）协同决策模型

协同决策模型中，药品生产商和药品零售商作为一个整体，基于供应链系统整体利益最大化为决策依据，从而确定最佳的线上线下定价，最佳的研发创新能力。协同决策下供应链系统整体利润函数表示如下：

$$Z^c=\left[(1-t)P_e-c\right]\left(1-\frac{P_e-\beta e}{1-\theta}\right)+(P_r-c)\left(1-\frac{\lambda P_r-\beta e}{\theta}\right)-\frac{1}{2}\mu e^2 \qquad (6-14)$$

定理 4：在协同决策模型下，存在最优的线上线下终端零售价 P_e^{**} 和 P_r^{**}，最优的研发创新能力 e^{**}。

证明：对式（6-14）中的 P_e、P_r、e 求二阶偏导，分别得到：$\frac{\partial^2 Z^c}{\partial P_e^2}=-\frac{2(1-t)}{1-\theta}<$

0，$\dfrac{\partial^2 Z^c}{\partial P_r^2}=-\dfrac{2\lambda}{\theta}<0$，$\dfrac{\partial^2 Z^c}{\partial e^2}=-\mu<0$，说明 Z^c 是决策变量 P_e、P_r、e 的凹函数。

当 $\dfrac{\partial Z^c}{\partial P_e}=0$，即 $(1-t)-\dfrac{2(1-t)}{1-\theta}P_e+\dfrac{1-t}{1-\theta}\beta e+\dfrac{c}{1-\theta}=0$ 时，药品生产商线上直销价

格达到最优：$P_e=\dfrac{1-\theta}{2}+\dfrac{c}{2(1-t)}+\dfrac{\beta}{2}e$ （6-15）

当 $\dfrac{\partial Z^c}{\partial P_r}=0$，即 $1-\dfrac{2\lambda}{\theta}P_r+\dfrac{\beta e}{\theta}+\dfrac{c\lambda}{\theta}=0$ 时，药品零售商终端零售价达到最优：$P_r=$

$\dfrac{\theta}{2\lambda}+\dfrac{c}{2}+\dfrac{\beta}{2\lambda}e$ （6-16）

当 $\dfrac{\partial Z^c}{\partial e}=0$，即 $(1-t)P_e\dfrac{\beta}{1-\theta}-\dfrac{c\beta}{1-\theta}+\dfrac{P_r\beta}{\theta}-\dfrac{c\beta}{\theta}-\mu e=0$ 时，药品生产商研发创新能

力达到最优：$e=\dfrac{(1-t)\beta}{\mu(1-\theta)}P_e+\dfrac{\beta}{\mu\theta}P_r-\dfrac{\beta c}{\mu(1-\theta)}-\dfrac{\beta c}{\mu\theta}$ （6-17）

将式（6-15）和式（6-16）代入式（6-17），解得：

$$e^{**}=\dfrac{[\lambda(1-t)+1]\theta(1-\theta)-\lambda c}{\left(\dfrac{2\mu}{\beta}\lambda\theta-\beta\right)(1-\theta)-\lambda\theta\beta(1-t)}$$ （6-18）

将式（6-18）代入式（6-15）和式（6-16），分别解得：

$$P_e^{**}=\dfrac{1-\theta}{2}+\dfrac{c}{2(1-t)}+\dfrac{[\lambda(1-t)+1]\theta(1-\theta)-\lambda c}{\left(\dfrac{4\mu}{\beta^2}\lambda\theta-2\right)(1-\theta)-2\lambda\theta(1-t)}$$ （6-19）

$$P_r^{**}=\dfrac{\theta}{2\lambda}+\dfrac{c}{2}+\dfrac{\lambda\theta(1-\theta)(1-t)+\theta(1-\theta)-\lambda c}{\left(\dfrac{4\mu}{\beta^2}\lambda^2\theta-2\lambda\right)(1-\theta)-2\lambda^2\theta(1-t)}$$ （6-20）

证毕。

将式（6-18）、式（6-19）和式（6-20）代入供应链系统整体利润函数 Z^c，

解得：

$$Z^{c*}=\left[(1-t)P_e^{**}-c\right]\left(1-\dfrac{P_e^{**}-\beta e^{**}}{1-\theta}\right)+(P_r^{**}-c)\left(1-\dfrac{\lambda P_r^{**}-\beta e^{**}}{\theta}\right)-\dfrac{1}{2}\mu e^{**2}$$

（6-21）

推论 2：$\dfrac{\partial e^{**}}{\partial t}<0$，$\dfrac{\partial P_r^{**}}{\partial t}<0$，$\dfrac{\partial P_e^{**}}{\partial t}>0$，$\dfrac{\partial Q_r^{**}}{\partial t}<0$，$\dfrac{\partial Q_e^{**}}{\partial t}<0$。

证明：证明过程与推论 1 类似，此处略。

定理 4 和推论 2 表明，在协同决策模型中，存在最优的唯一均衡解能够使供应链系统整体绩效达到最优。在协同决策下，平台扣费率会影响到药品生产商的研发创新能力，两者呈反比例关系。协同决策下，药品生产商和药品零售商在定价时同样不仅需要考虑到消费者的渠道偏好、国家医保报销政策对供应链的影响，还需要考虑到平台扣费率的影响。平台收取的佣金提高，会导致线上定价提高，线上需求降低，同时会导致线下定价和需求也降低。

（三）两种决策模型的比较分析

通过对药品双渠道供应链系统离散决策模型和协同决策模型的最优策略分析，可得定理 5。

定理 5：（1）两种决策下的最优研发创新能力不同，协同决策下的最优研发创新能力大于离散决策下的最优研发创新能力，即 $e^{**}>e^*$。

（2）两种决策下的最优系统利润不同，协同决策下的最优系统利润高于离散决策下的最优系统利润，即 $Z^{c*}>Z^{d*}$。

（3）两种决策下消费者剩余不同，协同决策下的消费者剩余高于离散决策下的消费者剩余，即 $S^{c*}>S^{d*}$。

证明：由式（6-6）和式（6-17）得，$e^{**}-e^*=\dfrac{\beta}{\mu\theta}P_r-\dfrac{\beta}{2\mu\theta}P_d-\dfrac{\beta}{2\mu\theta}c$，由于 $P_r>P_d>c$，于是 $e^{**}-e^*>0$，即 $e^{**}>e^*$。

协同决策下的消费者剩余均衡解用 S^{c*} 表示，离散决策下的消费者剩余均衡解用 S^{d*} 表示，比较 S^{c*} 和 S^{d*} 以及不同决策下的供应链系统利润 Z^{c*}、Z^{d*}，利用 Visual Studio 2019 编程（源程序见附录 D），从而推导出 $Z^{c*}>Z^{d*}$，$S^{c*}>S^{d*}$。

定理 5 表明，离散决策下的研发创新能力、系统利润并非最优，存在双重边际效应；离散决策下消费者剩余小于协同决策下消费者剩余，说明离散决策有可以优化的空间。因此，需要设计合理的契约激励机制，实现药品双渠道供应链的协调。

四、数值仿真与参数灵敏度分析

本小节通过数值仿真与灵敏度分析对离散决策模型和协同决策模型进行比较分析，具体参数设置如下，$\lambda = 0.2$，$\theta = 0.7$，$c = 0.1$，$\beta = 0.3$，$\mu = 2$。

（一）离散决策和协同决策下的最优值

对 t 取值 $[0.1 \sim 0.8]$，根据前文求出的两种决策下的最优解函数公式得出最优值如表 6-2 所示。上标 d^*、c^* 分别用于表示离散决策和协同决策下的最优值，下标 r、e 分别用于表示药品零售商（线下）、药品生产商（线上）。

由上述算例可知，离散决策下的最优研发创新能力，最优线上线下需求量，最优供应链整体利润均低于协同决策下。在离散决策下，消费者剩余也远远低于协同决策下的消费者剩余。很明显，协同决策不仅给供应链成员带来更高利润，更可以给消费者带来更大消费者福利。下面通过对参数灵敏度分析，可以更直观看到两种决策下的差异效果。

（二）参数灵敏度分析

本部分分别对相关参数进行灵敏度分析，观察相关参数的变动对均衡解和最优决策的影响以及两种决策下的比较分析。

（1）离散决策下平台扣费率参数 t 对最优决策的影响。

图 6-1 和图 6-2 给出了离散决策下药品生产商的研发创新能力和线上线下需求随电商平台扣费率不断增大的变化关系。如图 6-1、图 6-2 所示，随着平台扣费率不断提升，药品生产商的最优研发创新能力会不断下降。因为平台收取的佣金越高，药品生产商由于研发创新带来的额外收益被中间平台"搭便车"而瓜分，直接降低了药品生产商研发创新的积极性。而为了应对平台扣费率的提升，药品生产商会提高线上终端售价，从而降低了线上需求，消费者会转到线下购药。按理说线下需求会出现大幅度上升，但在药品生产商研发创新能力降低的不

表6-2 离散决策和协同决策下的最优值

t	离散决策							协同决策						
	e^{d*}	P_e^{d*}	P_r^{d*}	Q_r^{d*}	Q_e^{d*}	Z^{d*}	S^{d*}	e^{c*}	P_e^{c*}	P_r^{c*}	Q_r^{c*}	Q_e^{c*}	Z^{c*}	S^{c*}
0.1	0.26	0.25	2.95	0.27	0.45	0.76	0.32	0.53	0.28	2.20	0.60	0.58	1.07	1.35
0.2	0.25	0.25	2.93	0.27	0.42	0.74	0.31	0.51	0.29	2.18	0.60	0.55	1.05	1.33
0.3	0.24	0.26	2.92	0.27	0.38	0.73	0.30	0.50	0.30	2.17	0.59	0.51	1.04	1.31
0.4	0.23	0.27	2.91	0.27	0.34	0.72	0.28	0.48	0.31	2.16	0.59	0.46	1.02	1.28
0.5	0.22	0.28	2.90	0.27	0.28	0.71	0.27	0.47	0.32	2.15	0.59	0.40	1.01	1.25
0.6	0.21	0.31	2.89	0.27	0.19	0.70	0.26	0.46	0.34	2.14	0.58	0.31	1.00	1.22
0.7	0.20	0.35	2.88	0.26	0.04	0.69	0.25	0.44	0.38	2.13	0.58	0.17	0.99	1.19
0.8	0.19	0.43	2.86	0.26	-0.24	0.69	0.26	0.43	0.46	2.12	0.58	-0.12	0.98	1.17

利影响下，线下需求又会降低，两者相互作用的影响如图 6-2 所示，线下需求出现了非常小幅度的下降。

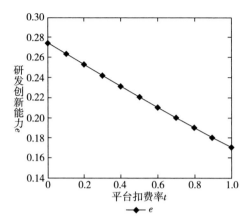

图 6-1 药品研发创新能力随 t 的变化

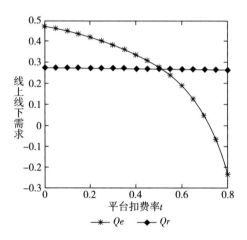

图 6-2 线上线下需求随 t 的变化

图 6-3 和图 6-4 给出了离散决策下药品生产商利润、药品零售商利润以及消费者剩余随电商平台扣费率不断增大的变化关系。如图 6-3 所示，在离散决策下，药品生产商由于第三方平台佣金比例的提高，虽然提高了线上售价，但抵不住线上需求的急剧下降，所以，利润呈现不断下降趋势。对于药品零售商而言，由于平台扣费率提升导致需求和价格同时下降，但两者下降幅度不是特别明显，所以药品零售商利润呈现微微下降趋势。平台扣费率对消费者剩余的影响，从图

6-4 中可以看到，当 $t \in (0, 0.73)$ 时，消费者剩余随着平台扣费率的增大而不断降低，当 $t > 0.73$ 时，消费者剩余随着平台扣费率的增大反而增大。但实际中，药品生产商拿出超过 7 成的收益分享给第三方平台是不太可能发生的。由此可知，电商平台制定的佣金越高，无论是对药企还是对消费者都是不利的。

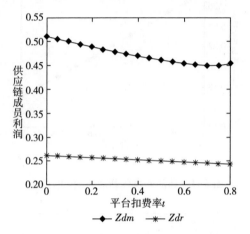

图6-3　供应链成员利润随 t 的变化

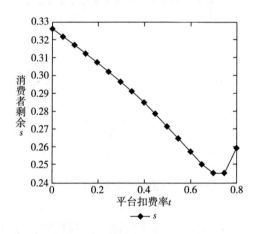

图6-4　消费者剩余随 t 的变化

（2）离散决策下研发创新能力参数 e 对最优决策的影响。

图 6-5 和图 6-6 给出了当 t 为定值时，离散决策下药品生产商、药品零售商利润以及消费者剩余随研发创新能力不断增大的变化关系。如图 6-5 所示，药品零售商利润随着药品研发创新能力的不断提高而不断增加，药品生产商利润随之

先增加，后降低。当 $e \in$（0，0.25）时，药品生产商利润不断增加；当 $e=0.25$ 时，药品生产商利润达到最大值 0.4881，在 $e>0.25$ 时，药品生产商利润随着 e 的继续提高而不断降低。因为此时，为提高研发创新能力而消耗的边际成本已经超过了由于研发创新能力提高而带来的边际收益，于是，药品生产商利润开始下降。由图 6-6 可以看到，消费者剩余随着研发创新能力的提高而不断提升。由此可知，大力提高企业的研发创新能力，不仅有益于药企，也能大大提高消费者的福利。国家应大力鼓励药企进行研发创新，鼓励企业研发新药，加强知识产权保护，不断提高药品质量和疗效，受益于广大病患者。

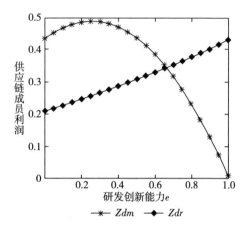

图 6-5　供应链成员利润随 e 的变化（$t=0.2$）

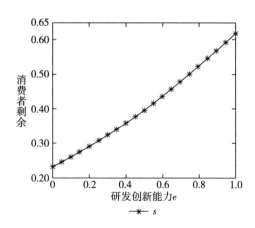

图 6-6　消费者剩余随 e 的变化（$t=0.2$）

（3）离散决策和协同决策的比较分析。

图6-7和图6-8给出了离散和协同两种决策下供应链系统整体利润和消费者剩余随药品生产商研发创新能力不断增大的变化关系。如图6-7所示，两种决策下的供应链整体利润均随着研发创新能力的增加呈现先增后减趋势，但协同决策下的整体利润始终高于离散决策下的总利润。并且，协同决策下的最优研发创新能力 e^{c^*} 值高于离散决策下的最优研发创新能力 e^{d^*} 值，所以，协同决策下整体利润开始下降的点滞后于离散决策下。图6-8体现了在两种决策下，消费者剩余均随着研发创新能力的提高而不断提升。同样，协同决策下的消费者剩余始终高于离散决策下。

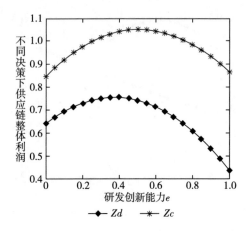

图 6-7　不同研发创新能力下整体利润比较

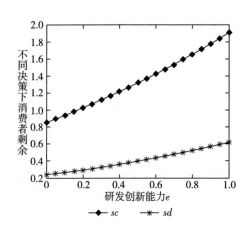

图 6-8　不同研发创新能力下消费者剩余比较

图 6-9 和图 6-10 则给出了离散和协同两种决策下供应链系统整体利润和消费者剩余随平台扣费率不断增大的变化关系。从图 6-9、图 6-10 中可以看到，两种决策下无论是供应链系统整体利润还是消费者剩余均随着平台扣费率的不断提高而不断下降，但协同决策下的值始终高于离散决策下的值。

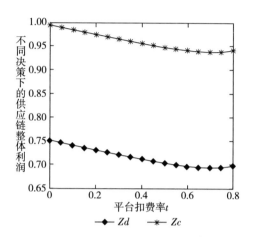

图 6-9　不同平台扣费率下整体利润比较

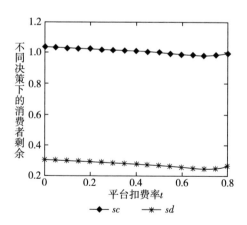

图 6-10　不同平台扣费率下消费者剩余比较

五、供应链协调

为解决因双重边际效应出现的供应链系统整体利润和消费者福利的损失问题，本节提出"政府补贴+批发价格+收益分享"的组合契约来激励供应链各成员。当履行此契约之后，药品生产商会给药品零售商一个很低的药品批发价格，即 $P_d^x = c + \sigma(P_e - c)$ [217]，其中，$\sigma(0 < \sigma < 1)$ 为批发价折扣率。作为回报，药品零售商会将收入的一部分（δ）分享给药品生产商，$\delta(0 < \delta < 1)$ 为收益分享比例。同时，国家为鼓励药品生产企业大力创新，通过多种途径，如税收优惠、税收减免、金融政策支持、资金支持等对药品生产企业一定的研发创新补贴，降低其研发创新成本，假定 $\varepsilon(0 < \varepsilon < 1)$ 为政府补贴系数。

（一）"政府补贴+批发价格+收益分享"组合契约协调决策

在履行组合契约之后，药品生产商和药品零售商的利润函数分别表示为：

$$Z_m^x = \left[(1-t)P_e - c \right]\left(1 - \frac{P_e - \beta e}{1 - \theta} \right) + \sigma(P_e - c)\left(1 - \frac{\lambda P_r - \beta e}{\theta} \right) - \frac{1}{2}(1-\varepsilon)\mu e^2 + \delta P_r\left(1 - \frac{\lambda P_r - \beta e}{\theta} \right) \tag{6-22}$$

$$Z_r^x = \left\{ (1-\delta)P_r - \left[c + \sigma(P_e - c) \right] \right\}\left(1 - \frac{\lambda P_r - \beta e}{\theta} \right) \tag{6-23}$$

定理6：在组合契约协调决策下，药品生产商和药品零售商均能获得最优均衡解，如下所示。

研发创新能力均衡解为：$e^{x^*} = \dfrac{xh + ab}{xy - b^2}$

线上终端定价和需求均衡解为：$P_e^{x^*} = \dfrac{ay + bh}{xy - b^2}$，$Q_e^{x^*} = 1 + \dfrac{\beta(xh + ab) - ay - bh}{(1-\theta)(xy - b^2)}$

线下终端定价和需求均衡解为：

$$P_r^{x^*} = \frac{\theta}{2\lambda} + \frac{c(1-\sigma)}{2(1-\delta)} + \frac{\beta(xh + ab)(1-\delta) - \lambda\sigma(ay + bh)}{2\lambda(1-\delta)(xy - b^2)}$$

$$Q_r^{x*} = \frac{1}{2} - \frac{\lambda c(1-\sigma)}{2\theta(1-\delta)} + \frac{\beta(xh+ab)(1-\delta) - \lambda\sigma(ay+bh)}{2\theta(1-\delta)(xy-b^2)}$$

证明：对式（6-23）中的 P_r 求二阶偏导 $\dfrac{\partial^2 Z_r^x}{\partial P_r^2} = -\dfrac{2\lambda(1-\delta)}{\theta} < 0$，当 $\dfrac{\partial Z_r^x}{\partial P_r} = (1-\delta) - \dfrac{2\lambda}{\theta}(1-\delta)P_r + \dfrac{\beta e}{\theta}(1-\delta) + \dfrac{\lambda}{\theta}[c+\sigma(P_e-c)] = 0$ 时，得到药品零售商制定的零售终端价最优函数表达式为：

$$P_r = \frac{\theta}{2\lambda} + \frac{\beta e}{2\lambda} + \frac{c+\sigma(P_e-c)}{2(1-\delta)} \tag{6-24}$$

将式（6-24）代入式（6-22），对 P_e、e 依次求二阶偏导。首先对 P_e 求二阶偏导 $\dfrac{\partial^2 Z_m^x}{\partial P_e^2} = -\dfrac{2(1-t)}{1-\theta} - \left[\sigma + \dfrac{\delta\sigma}{2(1-\delta)}\right] \times \dfrac{\lambda\sigma}{\theta(1-\delta)} < 0$。令 $\dfrac{\partial Z_m^x}{\partial P_e} = 0$，得到最优的线上零售价函数表达式为：

$$P_e = \left\{ (1-t) + \frac{(1-t)\beta e}{1-\theta} + \frac{c}{1-\theta} + \left[\sigma + \frac{\delta\sigma}{2(1-\delta)}\right] \times \frac{\theta(1-\delta) + \beta e(1-\delta) - \lambda c(1-\sigma)}{2\theta(1-\delta)} - \right.$$
$$\left. \left[\frac{\theta\delta + \delta\beta e}{2\lambda} + \frac{\delta c(1-\sigma)}{2(1-\delta)} - \sigma c\right] \times \frac{\lambda\sigma}{2\theta(1-\delta)} \right\} \bigg/ \left\{ \frac{2(1-t)}{1-\theta} + \left[\sigma + \frac{\delta\sigma}{2(1-\delta)}\right] \times \frac{\lambda\sigma}{\theta(1-\delta)} \right\}$$

$$\tag{6-25}$$

对 e 求二阶偏导 $\dfrac{\partial^2 Z_m^x}{\partial e^2} = -(1-\varepsilon)\mu + \dfrac{\delta\beta^2}{2\lambda\theta} < 0$。令 $\dfrac{\partial Z_m^x}{\partial e} = 0$，得到药品生产商最优的研发创新能力函数表达式为：

$$e = \left\{ [(1-t)P_e - c]\frac{\beta}{1-\theta} + \frac{\delta\beta}{2\lambda} \times \frac{\theta(1-\delta) - \lambda c(1-\sigma) - \lambda\sigma P_e}{2\theta(1-\delta)} + \frac{\beta}{2\theta} \times \right.$$
$$\left. \left[\left(\sigma + \frac{\delta\sigma}{2(1-\delta)}\right)P_e + \frac{\theta\delta}{2\lambda} + \frac{\delta c(1-\sigma)}{2(1-\delta)} - \sigma c\right] \right\} \bigg/ \left[(1-\varepsilon)\mu - \frac{\delta\beta^2}{2\lambda\theta}\right] \tag{6-26}$$

联立式（6-25）和式（6-26），设定

$$a = (1-t) + \frac{c}{1-\theta} + \frac{\sigma}{2} + \frac{\lambda\sigma c(2\sigma-1)}{2\theta(1-\delta)} - \frac{\lambda\sigma\delta c(1-\sigma)}{2\theta(1-\delta)^2}$$

$$b = \frac{(1-t)\beta}{1-\theta} + \frac{\beta\sigma}{2\theta}$$

$$x = \frac{2(1-t)}{1-\theta} + \left[\sigma + \frac{\delta\sigma}{2(1-\delta)}\right] \times \frac{\lambda\sigma}{\theta(1-\delta)}$$

$$h = \frac{\beta}{2\theta} \times \left[\frac{\theta\delta}{2\lambda} + \frac{\delta c(1-\sigma)}{2(1-\delta)} - \sigma c\right] + \frac{\delta\beta}{2\lambda} \times \frac{\theta(1-\delta) - \lambda c(1-\sigma)}{2\theta(1-\delta)} - \frac{\beta c}{1-\theta}$$

$$y = (1-\varepsilon)\mu - \frac{\delta\beta^2}{2\lambda\theta}$$

解得：$e^{x^*} = \dfrac{xh+ab}{xy-b^2}$ (6-27)

$$P_e^{x^*} = \frac{ay+bh}{xy-b^2} \tag{6-28}$$

将式（6-27）和式（6-28）代入式（6-24）以及线上线下需求函数表达式 Q_e、Q_r 分别得到各个指标的最优均衡解如下：

$$P_r^{x^*} = \frac{\theta}{2\lambda} + \frac{c(1-\sigma)}{2(1-\delta)} + \frac{\beta(xh+ab)(1-\delta) - \lambda\sigma(ay+bh)}{2\lambda(1-\delta)(xy-b^2)} \tag{6-29}$$

$$Q_r^{x^*} = \frac{1}{2} - \frac{\lambda c(1-\sigma)}{2\theta(1-\delta)} + \frac{\beta(xh+ab)(1-\delta) - \lambda\sigma(ay+bh)}{2\theta(1-\delta)(xy-b^2)} \tag{6-30}$$

$$Q_e^{x^*} = 1 + \frac{\beta(xh+ab) - ay - bh}{(1-\theta)(xy-b^2)} \tag{6-31}$$

从而，组合契约协调决策下药品生产商、药品零售商和供应链整体最优利润分别为：

$$Z_m^{x^*} = \left[(1-t)P_e^{x^*} - c\right]Q_e^{x^*} + \sigma(P_e^{x^*} - c)Q_r^{x^*} - \frac{1}{2}(1-\varepsilon)\mu e^{x^{*2}} + \delta P_r^{x^*}Q_r^{x^*} \tag{6-32}$$

$$Z_r^{x^*} = \left\{(1-\delta)P_r^{x^*} - \left[c+\sigma(P_e^{x^*} - c)\right]\right\}Q_r^{x^*} \tag{6-33}$$

$$Z^{x^*} = \left[(1-t)P_e^{x^*} - c\right]Q_e^{x^*} + (P_r^{x^*} - c)Q_r^{x^*} - \frac{1}{2}(1-\varepsilon)\mu e^{x^{*2}} \tag{6-34}$$

由定理 6 发现，契约协调决策下，存在唯一均衡策略使药品双渠道销售模式下供应链成员利润及供应链整体绩效达到最优。从研发创新能力均衡解的表达式可以看出，研发创新能力不仅会受到研发创新成本的影响，同时受到医保支付率、批发价格折扣率、收益分享率、平台扣费率以及渠道接受度、政府创新成本补贴系数等多种因素的影响，药品定价、线上线下需求也同时受到这些因素的影响。

根据上述契约的构成可以知道，药品生产商、药品零售商和政府使用三个工具来实现双渠道供应链的协调，即政府补贴系数（ε）、批发价折扣率（σ）和收益分享比例（δ）。其中，政府补贴系数大小取决于国家的政策支持力度，批发价折扣率取决于药品生产商和药品零售商的话语权和谈判能力，而收入分享比例用来调节生产商和零售商的利润，只有当该参数取值满足一定的条件（即使药品生产商、药品零售商在契约协调供应链之后利润都高于协调之前的利润）时，他们才会采用此契约。

推论3：组合契约协调的条件为：

$$\begin{cases} \delta > \dfrac{2\lambda\theta\left[e^*\mu(1-\varepsilon)-A\right]}{\beta(\theta+\beta e^*)} \\ \delta < 1-\left[\lambda c(1-\sigma)+\lambda\sigma P_e^{**}\right]/\left[\beta e^{**}-\theta+2(\lambda P_r^*-\beta e^*)\right] \end{cases} \tag{6-35}$$

其中，$A=\dfrac{\beta\sigma(1-c)}{2\theta}-\dfrac{\beta c}{2(1-\theta)}+\dfrac{(1-t)\beta}{2}\left\{1+\dfrac{\left[\lambda(1-t)+1\right]\theta-\lambda c/(1-\theta)}{\left(\dfrac{2\mu}{\beta^2}\lambda\theta-1\right)(1-\theta)-\lambda\theta(1-t)}\right\}$，$P_e^{**}$、

e^{**} 为协同决策下的最优值，P_r^*、e^* 为离散决策下的最优值。

证明：组合契约协调下的供应链成员各项指标值如果能达到协同决策下的最优水平，那么就有 $P_r^{x*}=P_r^{**}$，$P_e^{x*}=P_e^{**}$，$e^{x*}=e^{**}$。为了使契约能够执行下去，必须满足契约协调决策下供应链各成员利润超过离散决策下供应链各成员利润，即 $Z_r^{x*}>Z_r^{d*}$，$Z_e^{x*}>Z_e^{d*}$。同时，契约协调决策下的药品生产商研发创新能力超过离散决策下的研发创新能力，契约协调决策下的线下需求超过离散决策下的线下需求，于是，$e^{x*}>e^*$，$Q_r^{x*}>Q_r^*$。将之分别代入对应函数式，从而求得收益分享比例的取值范围如式（6-35）所示。

由推论3可知，收益分享比例有一定的取值范围。如果太高的话，药品零售商通过契约协调不能获得超过协调前的利润，药品零售商不会执行契约，协调失败；如果太低的话，药品生产商通过契约协调不能获得超过协调前的利润，药品生产商不会执行契约，协调失败。仅当收益分享比例在式（6-35）的范围内时，药品生产商和药品零售商都能获得比协调前更高的利润，他们才会执行该契约，优化各自的绩效。

（二）算例分析

本部分通过算例分析进一步研究协调策略的性质。参数取值延用 6.4 数值分析中的参数值，个别参数本节单独设置，分析政府补贴系数对药品生产商研发创新能力的影响，分析研发创新能力参数 e 和平台扣费率参数 t 对契约协调决策下最优解的影响以及对比分析契约协调决策模型与离散决策模型。图 6-12 至图 6-16 中，x 代表契约协调决策下的值，d 代表离散决策下的值。

（1）政府补贴系数参数值 ε 的变化对企业研发创新能力的影响。

图 6-11 很清晰地显示出政府对企业研发成本进行补贴可以提高企业的研发创新能力，补贴系数越高，企业的研发创新能力越强。

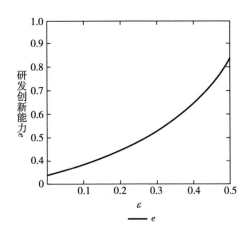

图 6-11　政府补贴对企业研发创新能力的影响

（2）随着参数值 e 的变化，契约协调决策和离散决策下最优值的比较分析。

设置参数 $\sigma = 0.6$，$\varepsilon = 0.2$，$\delta = 0.5$，通过不断改变研发创新能力参数值 e，契约协调和离散两种决策下供应链各成员利润、供应链系整体统利润，线上线下需求以及消费者剩余情况如图 6-12、图 6-13、图 6-14 所示。

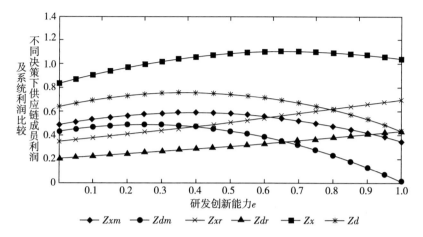

图6-12　契约协调决策和离散决策下利润比较

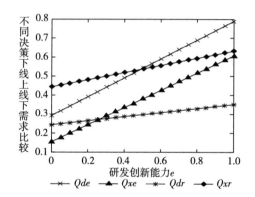

图6-13　契约协调决策和离散决策下需求比较

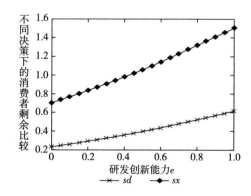

图6-14　契约协调决策和离散决策下消费者剩余比较

由图 6-12 可知，随着研发创新能力参数值 e 的不断增加，契约协调决策下的供应链系统整体利润、供应链成员利润始终要高于离散决策下，并且随着 e 的增加，两者间的差异越来越大。换言之，随着研发创新能力的不断增强，药品生产商和零售商协调决策的愿望更加强烈。

从图 6-13 中看到，协调决策下，线下需求会大大高于离散决策下，但线上需求却小于离散决策下，这时通过契约中的收益分享机制，药品零售商将部分收益分享给药品生产商，使得双方利润都超过契约协调前，此时，双方都有执行契约的动力。随着收益分享比例 δ 不断增大，协调后的药品零售商利润不断下降，药品生产商利润不断增加；随着 δ 不断降低，协调后的药品零售商利润不断增加，药品生产商利润不断降低。当 $\delta=0.66$ 时，药品零售商协调前后的利润线重合；当 $\delta=0.43$ 时，药品生产商协调前后的利润线重合。也就是说，收入分享比例 δ 用来调节协调后药品生产商和药品零售商的利润，当该参数取值为 $\delta \in (0.43，0.66)$ 区间时，药品生产商和药品零售商都会获得相比离散决策时更高的绩效。图 6-14 显示的是消费者剩余随研发创新能力参数值 e 的不断增加而不断变化的情况。很明显，契约协调决策下的消费者剩余远远大于离散决策下。说明供应链成员在执行契约时，不仅能保证自身利益增加，同时还能增加消费者福利。当 $\delta \in (0.43，0.66)$ 时，随着 δ 的不断增大，协调决策下的消费者剩余曲线会出现小幅度的下降，但始终高于离散决策下的消费者剩余。所以，通过组合契约协调的药品双渠道供应链，不管是对供应链成员还是对消费者而言都是有利的，从而可以实现整体社会福利的不断优化。

（3）随着参数值 t 的变化，契约协调决策和离散决策下最优值的比较分析。

通过不断改变平台扣费率参数值 t，契约协调和离散两种决策下供应链各成员利润、供应链系统整体利润及消费者剩余情况如图 6-15、图 6-16 所示。

由图 6-15 可知，随着平台扣费率参数值 t 的不断增加，除对离散决策下的药品零售商利润没有显著影响外，两种决策下的供应链整体利润和供应链各成员利润均出现缓慢下降趋势，但协调决策下的各指标值始终高于离散决策下。随着 t 的不断增加，药品零售商在两种决策下的利润差异逐渐缩小，而药品生产商则正好相反，综合效应使得供应链系统整体利润在两种决策下的差异比较均衡。同样，当收益分享比例参数取值为 $\delta \in (0.43，0.66)$ 时，药品生产商和药品零售商都会获得相比离散决策时更高的绩效。

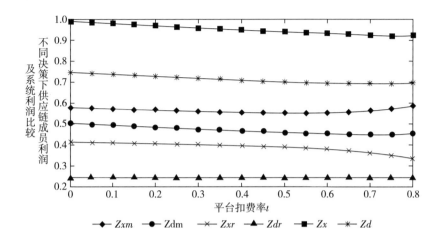

图 6-15　契约协调决策和离散决策下利润比较

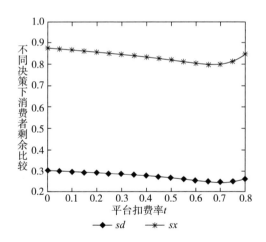

图 6-16　契约协调决策和离散决策下消费者剩余比较

图 6-16 显示的是消费者剩余随平台扣费率参数值 t 的不断增加而不断变化的情况。很明显，虽然随着参数值 t 的不断提升，两种决策下的消费者剩余都出现缓慢下降趋势，但协调决策下的消费者剩余始终远远大于离散决策下。同样说明供应链成员在执行契约时，不仅能保证自身利益增加，同时还能增加消费者福

利。因此，通过数据仿真和算例分析更进一步证明了契约协调的有效性和可执行性。

六、本章小结

本章主要研究由药品生产商、药品零售商和线上第三方平台组成的药品双渠道供应链协调策略。与已有文献不同，本章考虑了电商平台收取的扣费率，并将之作为影响供应链系统的外生变量，探讨了该因素与制药企业的研发创新能力对供应链利润以及对消费者福利的影响。通过构建离散决策模型，协同决策模型和契约协调决策模型，得出以下主要结论：

（1）离散决策下，供应链成员的最优定价、线上线下需求、研发创新能力、利润均受平台扣费率的影响。随着平台扣费率的不断增加，供应链整体需求降低，价格提高，供应链的研发创新能力和供应链整体利润均呈现一定幅度的下降，同时消费者福利也在不断地下降。所以，较高的扣费率不仅降低了药企对研发创新的动力和积极性，增加了消费者购买药品的成本，而且降低了整个药企利润，从而降低了整体社会福利。而药企的研发创新能力的提高，不仅能提高药企的利润，同时也能大大提高消费者福利。但提高研发创新能力必定要提高研发创新的投入，这笔投入对药品生产企业来说是一笔不菲的资金，一旦生产企业发现投入所带来的边际收益小于增加的边际成本时，作为理性经济人，以逐利作为其主要目标的药企不会再继续投入，这样对整体供应链来说，对消费者来说都是不利的。

（2）通过算例分析发现，协同决策下的研发创新能力超过了离散决策下的研发创新能力；通过参数的灵敏度分析发现，协同决策下不同研发创新能力以及不同平台扣费下的供应链整体利润、消费者剩余均远远超过离散决策下的最优值。换句话说，供应链成员的协同合作提高了药企的研发创新能力，更高的研发创新能力又导致了一系列良性循环反应，包括供应链整体利润的上升和消费者福利的提高。因此，加强供应链成员之间的沟通、合作，不仅对供应链各成员、对供应链整体以及对消费者都大有益处。

（3）设计了"政府补贴+批发价格+收益分享"的组合契约协调机制来协调供应链，并通过算例分析验证了这种契约协调的有效性和可执行性。在契约设计方面，首先，考虑到药品生产商给药品零售商一个很低的药品批发价格，药品零售商赚取收益之后通过合同或协议规定再将一部分收益分享给药品生产商。其次，为了大力鼓励药企创新，政府通过一定的补贴方式在一定程度上补贴药企的研发成本。经验证，政府补贴策略大大提高了制药企业的研发创新能力。收益分享比例在满足一定的条件时，可以使药品生产商和药品零售商的利润均高于离散决策下的值。组合契约协调决策下，供应链整体利润远远高于离散决策下的整体利润，并能达到协同决策下的最优值，同时，消费者福利也得到大大提升。

本章通过理论分析和算例分析充分证明了基于"政府补贴+批发价格+收益分享"的组合协调契约机制是可以有效协调药品双渠道供应链的，不管是对供应链成员还是对消费者而言都是有利的，可以实现整体社会福利的不断优化。本章的研究结论在一定程度上不仅为受平台扣费率和研发创新能力双重影响的药品双渠道供应链模式的选择提供理论依据，也为制药企业提高研发创新能力和政府制定补贴政策提供实践参考。

第七章　总结、建议与展望

一、研究总结

　　本书对双渠道销售模式、药品供应链的影响因素以及药品供应链的协调三方面内容进行综述分析，在对 Stackelberg 博弈理论、供应链契约理论、最优化理论、供应链协调理论进行阐述的基础上，探讨供应链的协调本质及供应链失调原因，分析医药产品质量、线下促销行为、医保政策、线上销售努力、研发创新能力、第三方平台扣费率等多种因素对药品双渠道供应链的影响，探索不同因素影响下的供应链协调决策问题。本书的主要研究内容包括：基础理论阐述及相关问题探讨；药品双渠道供应链影响因素分析；考虑医药产品质量和促销行为双重影响下的药品双渠道供应链协调决策研究；随机需求下考虑医保政策和销售努力的药品双渠道供应链协调策略研究；消费者效用视角下考虑研发创新和第三方平台扣费率的药品双渠道供应链协调决策研究。研究结论具体如下：

　　（1）运用博弈论中 Stackelberg 模型、最优化理论与方法、供应链契约理论对供应链协调问题进行研究，对供应链失调原因及协调本质进行分析。一般来说，供应链所处环境的不确定性、供应链本身的动态性、供应链上信息传输的扭曲性以及供应链节点企业的"个人理性"是引起供应链失调的主要原因。而供应链的协调，本质上是从企业战略、使命、价值观等方面出发，充分考虑到企业追求自身利益最大化特征，通过一定的方式方法促成供应链节点企业彼此间的交流与合作。企业可以在信息化建设基础上通过契约机制设计来协调供应链，从而降低供应链的运营成本，提高整条供应链的运作效率和竞争优势，达到供应链的卓越品质能力。

（2）通过对药品生产商、药品销售商、特药销售代表、医院医生、医保局及患者的深度访谈以及对消费者的问卷调研，从不同视角了解影响药品双渠道供应链的影响因素。站在药品的生产与销售方角度，他们认为药品的安全与可控、质量与疗效、品牌与口碑、国家的政策支持、线上线下销售努力以及医保支付政策会影响到药品的需求和医药电商的发展，研发创新能力会影响到药企的长期绩效。站在消费者角度，他们认为，药品的质量与安全、疗效与口碑、价格与渠道偏好、有无医保支付会影响他们的购药行为。同时，药企代表及医院医生普遍看好药品线上线下双渠道销售模式，认为这种销售模式可以满足更广大人民群众的需求。

（3）在以医药生产商为主导的药品双渠道供应链中，医药生产商提高医药产品质量水平不仅可以提高自身利润，也可以让医药零售商受益；医药零售商加大促销力度提高自身利益的同时，也可以提高医药生产商的利润。对医药生产商和医药零售商而言，存在一个最佳的医药产品质量努力水平和最佳的促销努力程度。但在分散决策下，供应链成员在最优值水平时并不能使供应链整体利润达到最优，供应链整体的最优水平在分散决策下各自以自身利益最大化为唯一决策目标的约束条件下是不可能达到的，有必要通过契约协调的机制来改善供应链各成员及供应链整体的绩效。于是，本书设计了基于"收益共享+数量折扣"的组合契约机制来实现供应链的协调和优化。通过算例仿真，验证了这种契约激励机制不仅有助于医药生产商提升医药产品的质量水平和医药零售商提升促销努力程度，而且有助于供应链整体利润的提升和医药供应链各成员利润的提高。

（4）在以医药流通企业——医药批发商为主导的药品双渠道供应链中，经研究得知：首先，医保支付比例直接影响线下药品订购量的高低，线上线下渠道终端定价以及供应链上各成员利润。医保支付比例越高，线下订购量越高，线下实体渠道终端定价上升，线上直销渠道终端定价小幅度下降，供应链上各成员利润均出现不同程度的上升。其次，医药批发商的线上销售努力程度直接影响医药批发商的利润，使之呈现先增后降趋势。同时，医药批发商的线上销售努力程度与医保支付比例呈反比关系。也就是说，医保支付比例越低反倒更易于激励医药批发商提高线上销售努力程度。最后，经理论分析和算例分析发现，由于双重边际效用的影响，集中决策下的药品双渠道供应链整体利润始终高于独立决策下的整体利润。并且，医保报销比例越低，销售越努力，两种决策下的差距越明显。这说明，在医保报销比例越低，销售越努力的情形下，供应链成员间的合作尤其重要。为此，本书设计了不同的组合契约机制来协调药品双渠道供应链。通过理论分析验证了"回购+收益分享"的组合契约协调机制能够使供应链整体利润始终高于独立决策下的供应链整体利润，但却不能使之达到集中决策下的最佳指标值。而"回购+收益分享+销售努力成本分担"的组合契约却可以使协调后的供应链整体绩效及其他指标值达到集中决策下的最优值，起到真正有效协调药品双渠道供应链的作用。

（5）随着国民经济发展、医改深化和人们可支配收入的普遍提高，大众对创新药物的需求越来越高，医药生产商在药物研发、创新上不断加大投入。对于药品双渠道供应链而言，一方面，不断提高研发创新能力不仅能提高企业自身利润和供应链上其他成员利润，更能提高消费者福利，有利于整体社会福利的优化。但由于研发创新的成本极高，风险极高，创新不可能一蹴而就，是一个长期积累的过程，这需要企业的战略定力和战略耐心，也需要国家各方面的支持。另一方面，由于医药生产商线上销售主要通过第三方有资质的平台进行并需要支付平台一定的费率。经研究证明，平台扣费率对企业的研发创新能力、企业利润以及消费者福利均带来不利影响。在无法避免支付平台费率的情况下，需要医药生产商与第三方平台之间加强沟通交流，深入合作，更需要对双渠道供应链进行有效协调，从而优化整体供应链。在此基础上，本书设计了"政府补贴+批发价格+收益分享"的组合协调契约机制来协调、优化供应链，并通过算例分析验证了这种契约协调的有效性和可执行性。一方面，通过政府对医药生产商的政策支持、金融支持和资金支持，大大提高药企的研发创新能力。另一方面，通过契约协调机制设计使供应链各成员利润均高于协调前的利润，消费者福利高于协调前的消费者福利，以此提供契约有效执行的前提条件，使各供应链成员利益和消费者福利均达到优化的效果。

二、管理建议

随着医保控费、医药分离、处方药外流、带量采购以及医药市场化进程的进一步加快，医药网上销售将会迎来更快的发展机遇，以医药生产企业、医药流通企业为主导的双渠道销售模式会越来越普。基于上述研究结论，本书从以下四个方面提出相关管理建议。

（1）在继续推进双渠道销售方面。

医药生产企业或医药流通企业通过双渠道销售药品，为了做好线上销售，需要想办法提高线上用户基数，与线上电商平台密切合作，打造"医+药"的服务闭环，通过实现"线上医生"与"网上医药商城"端口的大量对接，解决症状和药品之间隔着的诊断，在购药流程中引入互联网医院的医生服务，为患者提供在线诊疗、开电子处方、转诊等服务。同时，通过自营或与第三方社会物流合作，逐步建立起从医药企业到患者的全链条配送体系，提高药品物流配送能力。对于线下渠道药品零售终端而言，需要与医药电商展开差异化竞争，以患者为中心，提供药事服务及诊疗一体化服务，通过转型升级，在慢病管理、健康管理、康复养生、医养结合等方面，形成自身专业化、特色化优势，通过满足老百姓对药品和健康的需求来强化终端地位。对于国家而言，"新基建"能力决定了互联网医疗领域新业态的落地和发展，需要提高和完善5G网络、人工智能、大数据、物联网、供应链等新一代基础设施建设，如线上线下一体化的诊疗模式、处方流转平台搭建、医保在线支付实施、区域健康信息平台、智慧医联体建设等，为互联网医疗行业继续保持高速稳定发展打好基础。

（2）在提高药品质量方面。

药品质量受生产、储存、流通、销售等多环节影响，从供应链管理角度入手，需要在每一个环节把好关。在生产环节，国家需要通过一定的政策和资金支持、服务和平台支持、融资和税收优惠支持等多种途径，引导药企研发投入，技术创新，从而提升药品质量；生产企业需要配备与生产药品品种规模相适应的、具有相应技能和素质的各类管理人员、专业技术人员和生产操作人员来共同加强药品质量控制，同时，不断提升药品验收检测率。在储存环节，药品经营企业需严格按照 GSP 认证标准对药品储存管理的要求设置仓库和中转场所。在流通环节，鼓励药品生产企业选择双渠道策略，减少药品流通环节，降低药品在流通过程中遭受的安全风险，间接提升药品质量。同时，流通过程中，支持开展药品第三方物流服务，鼓励药品经营企业多仓协同、跨区域配送，鼓励建设全国性、区域性的药品物流园区和配送中心，运用互联网信息技术保证药品可追溯，加强药品运输过程中的质量管理及风险管控。在销售环节，重点发挥集中采购作用，扩大公立医院集采招标量，提升招标吸引力和中标药品质量。

（3）在完善医保政策方面。

首先，逐步扩大零售药店医保覆盖面，在部分试点省份，医保定点药店对接统筹医保账户，国家卫健委牵头完善医院、零售、医保系统互通，医疗机构、零售企业及技术方配合开放对接。其次，政策上从法规基础、监管手段、体系保障等几方面出发，为医保统筹账户覆盖零售药店打下基础。由于零售药店医保支出占比较少，现有法规更多聚焦医疗机构，对零售药店的整体重视程度不足，对零售药店的具体欺诈骗保行为规定需要进一步完善。在监管手段上，随着大数据、人工智能、物联网、区块链等数字技术的飞速发展，建立医保智能监控，以提升监控功能，完善监控维度。在体系保障上，将骗保行为纳入国家征信体系，推动与卫生健康、公安、市场监管、药监等多部门协作，联动监管。最后，随着网上购药医保在线支付在江苏宿迁、江西抚州、浙江杭州等地作为试点，根据试点项目的实施，总结经验、吸取教训，逐步推进医保线上支付，助力医药电商的快速发展。

（4）在促进研发创新方面。

药物研发存在时间长、投入大、风险高、回报时间滞后等诸多不确定性，需要国家、医疗机构和药企的共同努力。从国家层面，首先，需要构建医药创新研发发展的政策环境和文化氛围；其次，需要进一步加大对药企研发的支持力度，包括财政补贴、政策性金融支持、研发费用加计扣除、税收优惠和减免等；再次，需从政策方向引导，继续开展对通过一致性评价的仿制药进行带量采购，让价格虚高的仿制药大幅度降价，带来医保基金的节省，节省的部分基金用于扩充医保目录，纳入更多的创新药、价格相对昂贵的抗癌药等贵价特药，从而更进一步促进药企的持续技术创新；最后，创新关键的是人才，因为只有人才是生产要素中最主动、最积极的因素，所以，要加大对创新型人才的培养和储备。从组织层面，药企和医疗机构之间应加强创新合作。医疗机构凭借其强大的医疗资源和临床研究能力，通过与药企组建一种协同创新模式，协助药企对药物的研发和创新；同时，药企应加强对医疗机构临床医师的用药指导，协助医生和药师尽快熟悉创新新药。

随着云计算、大数据和物联网技术已被作为支撑而广泛应用，通过整合供应链上下游各环节资源，促进"物流、信息流、资金流"三流融合，建立多元协同的药品供应链体系已势在必行。未来，医疗各方整合和合作必将得到推动与有力支撑。

三、研究展望

本书在药品双渠道供应链管理方面做了一些研究，并取得一定的研究成果，考虑了多种因素影响下的药品双渠道供应链的协调问题。但受笔者研究水平、研究能力和研究条件的限制，再加上药品的特殊性以及供应链管理本身就是个很复杂的问题，所以，本书的研究还存在许多不足之处，这也为今后的研究提供了方向和进一步拓展的空间。

（1）市场主导者的考虑。

本书在研究上主要以上游企业比如医药生产商或医药批发商作为市场主导者考虑。但在现实中，特别是对于药品的销售，处于零售地位的医院无论是对上游的医药流通企业、医药工业企业还是对下游的患者，实际上处于双垄断地位，具有强势的议价权和建议权。所以，在博弈过程中以医院作为市场主导者考虑，研究药品供应链的协调是未来进一步的研究方向。

（2）第三方物流服务商参与下的双渠道供应链协调。

本书在研究过程中对于双渠道供应链的决策主体主要考虑的是医药生产企业

和医药流通企业。但实际上，对于双渠道而言，特别是线上销售，社会第三方物流服务商介入的非常多。鉴于药品的配送是药品流通中非常重要且关键的一环，将第三方物流服务商纳入药品双渠道供应链里来考虑也是未来进一步研究的方向。

（3）决策主体间的竞争博弈。

本书在研究过程中，为了简化模型，便于研究目标的实现，在考虑供应链的同一层级时只考虑了单个企业。而在现实生活中，会存在多个药品生产商、多个药品批发商、多个医疗机构或零售药店，供应链以网络形式存在，他们彼此之间相互竞争。因此，未来可将研究拓展到多成员、多层级的供应链网状结构，研究供应链网状结构下的协调机制。

（4）供应链协调的其他机制。

本书在考虑双渠道供应链的协调方面，主要考虑的是契约协调机制，本身契约机制在供应链协调的应用方面十分广泛，但是其约束力有限，并不能解决所有的供应链协调问题，还有一些其他的机制设计方法。如果能将契约机制配合其他的一些机制设计联合运用，也许执行效果会更好，这方面有待进一步的研究和论证。

附 录

附 录 A

（一）深度访谈提纲

1. 对药品生产商的访谈问题

Q1. 贵公司的性质是？除生产药品外，还有没有申请其他的资质？能否简单谈一谈？

Q2. 您怎么看待药品生产企业开展的 B2C 业务？您认为有哪些因素会影响到消费者线上购药？为了刺激线上销售额的增加，一般会采取哪些手段和措施？

Q3. 在药物研发领域，或者说新药研发方面，您认为目前最大的痛点或堵点问题是什么？

Q4. 贵公司每年投入到药物研发的支出大概占到销售收入的多少比例？或者说平均每年大概会投入多少资金用于药品研发？

Q5. 药物研发会对企业的绩效带来什么影响？

Q6. 在药物研发方面，您希望国家能够给予哪些方面的支持？

2. 对药品销售商的访谈问题

Q1. 能否描述一下贵公司目前主要的药品供应链形式？

Q2. 贵公司有没有实现双渠道销售？即线上通过自建平台或第三方平台直接销售药品给消费者，线下通过正常的传统渠道，先销售给零售药店或医院，再由他们销售给患者。如果有的话，线上线下销售额占比大概是多少？

Q3. 您觉得采用双渠道线上线下同时销售药品是否更有效率？

Q4. 从贵公司的角度，您认为有哪些因素会影响到药品双渠道供应链或者哪些因素会影响到药品的需求？

Q5. 线下零售药店有药品的促销活动吗？效果如何？

Q6. 如果药品生产商或药品批发商通过线上渠道直接销售药品给消费者，那么零售药店采取哪些措施来吸引线下消费者，争取线下客户？

3. 对特药销售主管的访谈问题

Q1. 您平时接触患者非常多，而且很多一定是患白血病的特种疾病患者，能不能谈一谈患者在选药时主要考虑哪些因素？

Q2. 当前的医院、药品代理商和患者之间到底是一种什么样的关系？

4. 对医院医生的访谈问题

Q1. 一般医生给患者开药主要是基于药品的安全、疗效还是基于患者是否有医保，从价格方面考虑？

Q2. 患者在医院拿药是不是都听医生的？有没有自己的想法？例如，医生推荐某种药，而患者要求开另一种药？

Q3. 你们医院的药品供应链大概是个什么样子？能不能从医生的角度谈谈有哪些因素会影响到药品供应链或药品需求？

Q4. 医院有自己的线上医疗平台吗？有线上问诊和开药吗？患者能直接从线上买药吗？线上购药能用医保卡支付吗？

Q5. 您对药品双渠道销售模式（通过线上线下渠道同时销售）如何看？

5. 对医保局的访谈问题

Q1. 对于南京市民，南京市医保覆盖面广吗？

Q2. 医保报销比例是按病种分类还是按药品分类？一般能报销多少？

Q3. 对于一些特种疾病、慢性病种，南京市医保有没有一些特殊的政策？

Q4. 对于患者线上购药，目前医保有没有什么政策？

Q5. 患者在线下医保定点零售药店购药或医院门诊购药，凡属于医保目录上的药品，医保是怎么个报销法？

6. 对患者的访谈问题

Q1. 您患病后主要购药渠道是什么？

Q2. 哪些因素会影响到您的购药行为和购药渠道？

（二）消费者选购药品行为及选购药品时所考虑影响因素的调查

第 1 题　您的年龄　　　［单选题］

选项	小计	比例（%）
0~20 岁	9	7.32
20~30 岁	11	8.94
30~50 岁	81	65.85
50~70 岁	22	17.89
70 岁以上	0	0
本题有效填写人次	123	

第 2 题　您的学历　　　［单选题］

选项	小计	比例（%）
高中及以下	55	44.72
大专	32	26.02
本科	29	23.58
研究生	7	5.69
本题有效填写人次	123	

第 3 题　您的健康状况　　　［单选题］

选项	小计	比例（%）
身体健康	88	71.54
患慢性病	20	16.26
患特种疾病	11	8.94
经常生些小病，比如感冒发烧之类	4	3.25
本题有效填写人次	123	

第4题　您一般选购药品时的依据是什么？　　　［单选题］

选项	小计	比例（%）
医生指导	112	91.06
自己想法	2	1.63
参考实际	9	7.32
朋友推荐	0	0
本题有效填写人次	123	

第5题　您去买药时通常会选择　　　［单选题］

选项	小计	比例（%）
线上购药	35	28.46
去医院	50	40.65
去附近零售药店	28	22.76
去附近诊所	10	8.13
其他	0	0
本题有效填写人次	123	

第6题　如果您选择线下渠道购药，有以下哪些原因？　　　［多选题］

选项	小计	比例（%）
药店服务态度好	14	15.91
方便、快捷	35	39.77
有医保支付	49	55.68
有医生用药指导	55	62.5
习惯了	9	10.23
本题有效填写人次	88	

第7题　如果您选择线上渠道购药，主要原因有哪些？　　　［多选题］

选项	小计	比例（%）
价格便宜	11	31.43
方便，直接送到家	30	85.71
药品种类齐全	18	51.43

续表

选项	小计	比例（%）
病情不严重	16	45.71
其他	2	5.71
本题有效填写人次	35	

第8题　选购药品时，您最优先考虑的因素是什么？　　[单选题]

选项	小计	比例（%）
价格	7	5.69
质量和安全	54	43.9
疗效	50	40.65
品牌和厂家	8	6.5
购药渠道	4	3.25
本题有效填写人次	123	

第9题　选购药品时，您还会考虑哪些其他因素？　　[多选题]

选项	小计	比例（%）
质量和安全	96	78.05
价格	60	48.78
疗效	82	66.67
品牌和厂家	64	48.78
口碑	40	32.52
购药渠道	40	32.52
其他	5	4.07
本题有效填写人次	123	

第10题　目前市场上出售的药品，您认为比较能让你放心购买的是哪类药品？　　[多选题]

选项	小计	比例（%）
感冒药	98	79.67
治疗慢性病药，如降压药等	43	34.96

续表

选项	小计	比例（%）
眼睛用药	14	11.38
肠胃药	26	21.14
妇科用药	14	11.38
消炎药	59	47.97
外伤用药	55	44.72
其他	11	8.94
本题有效填写人次	123	

第 11 题　如果疗效稍快的药品价格较贵，疗效稍慢的药品便宜，您的选择是？　　［单选题］

选项	小计	比例（%）
疗效快价格较贵的药品	101	82.11
疗效慢价格便宜的药品	22	17.89
本题有效填写人次	123	

第 12 题　在选购药品时，若药店店员向你推荐其他有相同作用的药品时您的做法是？　　［单选题］

选项	小计	比例（%）
按照药店店员说的买	10	8.13
仔细咨询考量再决定	96	78.05
不考虑药店店员推荐的	17	13.82
本题有效填写人次	123	

第 13 题　对于零售药店提供的促销行为，您会关注吗？　　［单选题］

选项	小计	比例（%）
关注	19	15.45
不关注	104	84.55
本题有效填写人次	123	

第 14 题　下列哪类广告更能引起您购买药品的欲望?　　　　[单选题]

选项	小计	比例（%）
单纯介绍药效的广告	67	54.47
纯解说性质的广告	28	22.76
形象生动的广告	28	22.76
本题有效填写人次	123	

第 15 题　您对于药品企业带头定期介绍有关知识表示?　　　　[单选题]

选项	小计	比例（%）
非常欢迎	59	47.97
比较欢迎	64	52.03
本题有效填写人次	123	

第 16 题　被曝光企业的药品,您今后是否还考虑购买?　　　　[单选题]

选项	小计	比例（%）
不会	122	99.19
会	1	0.81
本题有效填写人次	123	

第 17 题　您认为出现药品安全的问题责任在于?　　　　[单选题]

选项	小计	比例（%）
企业本身	63	51.22
政府监管部门	35	28.46
执法部门执法不严	25	20.33
本题有效填写人次	123	

附录 B

（比较 Pi_c^*、Pi_d^* 大小的源程序）

```
function fnCalculate( ) {
    //--
    if( ! fnGetInputs( ) ) return;
    //------
    Pe1 = fnCalculatePe1( );
    Qe1 = fnCalculateQe1( );
    Pt1 = fnCalculatePt1( );
    Qt1 = fnCalculateQt1( );
    Nc = fnCalculateNc( );
    A = fnCalculateA( );
    Pe2 = fnCalculatePe2( );
    Qe2 = fnCalculateQe2( );
    Pt2 = fnCalculatePt2( );
    Qt2 = fnCalculateQt2( );
    Nd = fnCalculateNd( );
    //--
    if( Nc > Nd ) {
        fnShowResult( "π C > π D" );
    } else if( Nc = = Nd ) {
        fnShowResult( "π C = π D" );
    } else {
        fnShowResult( "π C < π D" );
    }
```

```
    }
//--------------------------
function fnCalculatePe1( ) {
    //--
    var result = 0;
    //--
    var molecule = u * a+d * b +( u+d) * r1 * e1+d * r2 * e2;
    var denominator = 2 * ( u * u−d * d);
    //--
    if( denominator = = 0) {
        fnShowError( "Pe1 分母为 0!"); return;
    }
    //--
    result = molecule/denominator+C/2;
    //--
    return result;
}
//------
function fnCalculateQe1( ) {
    //--
    var result = 0;
    //--
    var molecule = a+r1 * e1−( u−d) * C;
    var denominator = 2;
    //--
    if( denominator = = 0) {
        fnShowError( "Qe1 分母为 0!"); return;
    }
    //--
```

```
        result = molecule/denominator
        //--
        return result;
}
//------
function fnCalculatePt1( ) {
        //--
        var result = 0;
        //--
        var molecule = u * b+d * a +(u+d) * r1 * e1+u * r2 * e2;
        var denominator = 2 * ( u * u-d * d);
        //--
        if( denominator = = 0) {
            fnShowError( "Pt1 分母为 0!" ); return;
        }
        //--
        result = molecule/denominator+C/2;
        //--
        return result;
}
//------
function fnCalculateQt1( ) {
        //--
        var result = 0;
        //--
        var molecule = b+r1 * e1+r2 * e2-(u-d) * C;
        var denominator = 2
        //--
        if( denominator = = 0) {
```

```
        fnShowError("Q1 分母为 0!"); return;
    }
    //--
    result = molecule/denominator;
    //--
    return result;
}
//------
function fnCalculateNc(){
    //--
    var result = 0;
    //--
    result =(Pe1-C) * Qe1 +(Pt1-C) * Qt1-k1 * (e1-h) * (e1-h)/ 2-k2 *
e2 * e2/2;
    //--
    return result;
}
//------
function fnCalculateA(){
    //--
    var result = 0;
    //--
    var molecule = 2 * u * a+d * b+2 * u * d * w +(2 * u * u-d * d-u * d) * C;
    var denominator = 4 * u * u-2 * d * d;
    //--
    if(denominator == 0){
        fnShowError("A 分母为 0!"); return;
    }
    //--
```

```
        result = molecule/denominator;
        //--
        return result;
    }
//------
function fnCalculatePe2( ) {
        //--
        var result = 0;
        //--
        var molecule1 = 2 * u+d;
        var denominator1 = 4 * u * u-2 * d * d;
        var molecule2 = d
        var denominator2 = 4 * u * u-2 * d * d;
        //--
        if( denominator1 = = 0) {
            fnShowError("Pe2 分母为 0!"); return;
        }
        if( denominator2 = = 0) {
            fnShowError("Pe2 分母为 0!"); return;
        }
        //--
        var result1 = molecule1/denominator1;
        var result2 = molecule2/denominator2;
        //--
        result = A+result1 * r1 * e1+result2 * r2 * e2;
        //--
        return result;
    }
//------
```

```
function fnCalculateQe2( ) {

    //--

    var result = 0;

    //--

    var molecule1 = 2 * u * a+d * b+u * d * w;

    var denominator1 = 2 * u;

    var molecule2 = 2 * u+d;

    var denominator2 = 2 * u;

    //--

    if( denominator1 == 0) {

        fnShowError( "Qe2 分母为 0!" ); return;

    }

    if( denominator2 == 0) {

        fnShowError( "Qe2 分母为 0!" ); return;

    }

    //--

    var result1 = molecule1/denominator1;

    var result2 = molecule2/denominator2;

    //--

    result = result1+result2 * r1 * e1+d * r2 * e2 /( 2 * u )+( ( d * d)/( 2 * u ) -
u) * Pe2;

    //--

    return result;

}

//------

function fnCalculatePt2( ) {

    //--

    var result = 0;

    //--
```

```
        var molecule = b+r1 * e1+r2 * e2+u * w;

        var denominator = 2 * u;

        //--

        if( denominator = = 0) {

            fnShowError( "Pt2 分母为 0!" ); return;

        }

        //--

        result = molecule/denominator+d * Pe2 /(2 * u);

        //--

        return result;

    }

    //------

    function fnCalculateQt2( ) {

        //--

        var result = 0;

        //--

        var molecule = b+r1 * e1+r2 * e2-u * w;

        var denominator = 2;

        //--

        if( denominator = = 0) {

            fnShowError( "Qt2 分母为 0!" ); return;

        }

        //--

        result = molecule/denominator+d * Pe2/2;

        //--

        return result;

    }

    //------

    function fnCalculateNd( ) {
```

```
//--

var result = 0;

//--

result = (Pe2-C) * Qe2 +(w-C) * Qt2 +(Pt2-w) * Qt2-k1 * (e1-h) *
(e1-h)/ 2-k2 * e2 * e2/2;

//--

return result;

}

//-----------------------------------------------------------
```

附　录 C

$(E\Pi^{d^*}$ 和 $E\Pi^{c^{**}}$ 比较的源程序$)$

```
//-----------------------------------------------------------

var error = "";

//------

function toFixed(number, digitsLen) {

    //--

    if(digitsLen == undefined) digitsLen = 2;

    //--

    var num = number;

    //--

    if(typeof(number) ! = "number") {

        num = parseFloat(number);

    }

    //--

    return num. toFixed(digitsLen);
```

```
        }
function fnShowResult( text ) {
        //--
        if( error ! = "" ) return;
        //--
        $ ( "#result" ). html( text );
        }
function fnShowError( text ) {
        //--
        if( error ! = "" ) return;
        //--
        error = text;
        $ ( "#result" ). html( text );
        }
        //-------------------------------------------
function fnGetInputs( ) {
        //--
        error = "";
        //--
        c = $ ( "#c" ). val( ); w = $ ( "#w" ). val( );
        t = $ ( "#t" ). val( ); th = $ ( "#th" ). val( );
        r = $ ( "#r" ). val( ); beta = $ ( "#beta" ). val( );
        a = $ ( "#a" ). val( ); k = $ ( "#k" ). val( );
        b = $ ( "#b" ). val( ); q = $ ( "#q" ). val( );
        //--
        c = parseFloat( c ); w = parseFloat( w );
        t = parseFloat( t ); th = parseFloat( th );
        r = parseFloat( r ); beta = parseFloat( beta );
        a = parseFloat( a ); k = parseFloat( k );
```

```
        b = parseFloat( b ) ; q = parseFloat( q ) ;
        //--
        if( isNaN( c ) ) c = 0; if( isNaN( w ) ) w = 0;
        if( isNaN( t ) ) t = 0; if( isNaN( th ) ) th = 0;
        if( isNaN( r ) ) r = 0; if( isNaN( beta ) ) beta = 0;
        if( isNaN( a ) ) a = 0; if( isNaN( k ) ) k = 0;
        if( isNaN( b ) ) b = 0; if( isNaN( q ) ) q = 0;
        //--
        if( c <= 0 ){ fnShowError( "错误: c<=0" ); return false; }
        if( w <= 0 ){ fnShowError( "错误: w<=0" ); return false; }
        if( t <= 0 ){ fnShowError( "错误: t<=0" ); return false; }
        if( th <= 0 ){ fnShowError( "错误: th<=0" ); return false; }
        if( r <= 0 ){ fnShowError( "错误: r<=0" ); return false; }
        if( beta <= 0 ){ fnShowError( "错误: beta<=0" ); return false; }
        if( a <= 0 ){ fnShowError( "错误: a<=0" ); return false; }
        if( k <= 0 ){ fnShowError( "错误: k<=0" ); return false; }
        if( b <= 0 ){ fnShowError( "错误: b<=0" ); return false; }
        if( q <= 0 ){ fnShowError( "错误: q<=0" ); return false; }
        //--
        fnShowResult( "" ) ;
        //--
        return true ;
    }
//-----------------------
function fnCalculate( ) {
        //--
        if( ! fnGetInputs( ) ) return ;
        //-----------------------
        var AQ, B, PR, Q, PE, E, DR, DE, EDR, EDW, ED ;
```

```
var G, HQ, XPR, XQ, XPE, XE, XDR, XDE, XEC;
//------
AQ =((1-th)*a+r*w+q-(q*q)/(2*b))/(2*r);
B =(k*th*a-c+k*c+k*(w-c)*beta)/(2*k-1);
PR =(B+2*r*AQ/beta)
     /(2*r/beta-k*beta*r/(2*k-1));
Q =20*(PR-w)/(PR+t);
PE =B+k*beta*r*PR/(2*k-1);
E =(B-c)/k+beta*r*PR/(2*k-1);
DR =(1-th)*a-r*PR+beta*PE;
DE =th*a-PE+beta*r*PR+E;
EDR =(PR-w)*DR +(PR+t)
     *(q-q*q/(2*b))-(w+t)*q;
EDW =(PE-c)*DE +(w-c)*(DR+q)-k*E*E/2;
ED =EDR+EDW;
//--
G =(th*a*k-c +(1-beta)*k*c)/(2*k-1);
HQ =((1-th)*a+r*c-beta*r*c
     +q-q*q/(2*b))/(2*r);
XPR =(G+2*r*HQ/(beta*(1+r)))
     /(2*r/(beta*(1+r))
     -k*beta*(1+r)/(2*k-1));
XQ =20*(XPR-c)/(XPR+t);
XPE =G+k*beta*(1+r)*XPR/(2*k-1);
XE =(G-c)/k+beta*(1+r)*XPR/(2*k-1);
XDR =(1-th)*a-r*XPR+beta*XPE;
XDE =th*a-XPE+beta*r*XPR+XE;
XEC =(XPE-c)*XDE +(XPR-c)*XDR
     +(XPR+t)*(q-q*q/(2*b))
```

```
        -(t+c) * q-k * XE * XE/2;
//------
AQ=toFixed(AQ); B=toFixed(B);
PR=toFixed(PR); Q=toFixed(Q);
PE=toFixed(PE); E=toFixed(E);
DR=toFixed(DR); DE=toFixed(DE);
EDR=toFixed(EDR); EDW= toFixed(EDW);
ED=toFixed(ED); G=toFixed(G);
HQ=toFixed(HQ); XPR=toFixed(XPR);
XQ=toFixed(XQ); XPE=toFixed(XPE);
XE=toFixed(XE); XDR=toFixed(XDR);
XDE=toFixed(XDE); XEC=toFixed(XEC);
//--
$("#formulaAQ").val(AQ); $("#formulaB").val(B);
$("#formulaPR").val(PR); $("#formulaQ").val(Q);
$("#formulaPE").val(PE); $("#formulaE").val(E);
$("#formulaDR").val(DR); $("#formulaDE").val(DE);
$("#formulaEDR").val(EDR); $("#formulaEDM").val(EDW);
$("#formulaED").val(ED); $("#formulaG").val(G);
$("#formulaHQ").val(HQ); $("#formulaXPR").val(XPR);
$("#formulaXQ").val(XQ); $("#formulaXPE").val(XPE);
$("#formulaXE").val(XE); $("#formulaXDR").val(XDR);
$("#formulaXDE").val(XDE); $("#formulaXEC").val(XEC);
//--
ED=parseFloat(ED); XEC=parseFloat(XEC);
//--
if(ED > XEC){
    fnShowResult("ED > EC");
} else if(ED == XEC){
```

```
            fnShowResult( "ED = EC" ) ;
        } else if( ED < XEC ){
            fnShowResult( "ED < EC" ) ;
        } else {
            fnShowResult( "Invalid!" ) ;
        }
    }
    //--------------------------------------------------
```

附 录 D

(Z^{c^*}、Z^{d^*} 以及 S^{c^*}、S^{d^*} 比较的源程序)

```
//----------------------------------------------------------
var error = "" ;
//------
function toFixed( number , digitsLen ) {
    //--
    if( digitsLen = = undefined ) digitsLen = 2 ;
    //--
    var num = number ;
    //--
    if( typeof( number )！ = "number" ) {
        num = parseFloat( number ) ;
    }
    //--
    return num. toFixed( digitsLen ) ;
}
```

```
function fnShowResult( text) {
    //--
    if( error! = " " ) return;
    //--
    $ ( "#result" ). html( text) ;
}
function fnShowError( text) {
    //--
    if( error! = " " ) return;
    //--
    error = text;
    $ ( "#result" ). html( text) ;
}
//---------------------------------------------------
var lambda = 0, theta = 0, c = 0, beta = 0, mu = 0, t = 0;
//--
function fnGetInputs( ) {
    //--
    error = " " ;
    //--
    lambda = $ ( "#lambda" ). val( ) ; theta = $ ( "#theta" ). val( ) ;
    c = $ ( "#c" ). val( ) ; beta = $ ( "#beta" ). val( ) ;
    mu = $ ( "#mu" ). val( ) ; t = $ ( "#t" ). val( ) ;
    //--
    lambda = parseFloat( lambda) ; theta = parseFloat( theta) ;
    c = parseFloat( c) ; beta = parseFloat( beta) ;
    mu = parseFloat( mu) ; t = parseFloat( t) ;
    //--
    if( isNaN( lambda) ) lambda = 0; if( isNaN( theta) ) theta = 0;
```

```
if( isNaN( c ) )c = 0;if( isNaN( beta ) )beta = 0;
if( isNaN( mu ) )mu = 0;if( isNaN( t ) )t = 0;
//--
if( lambda<=0){fnShowError("错误:lambda<=0");return false;}
if( theta<=0){fnShowError("错误:theta<=0");return false;}
if( c<=0){fnShowError("错误:c<=0");return false;}
if( beta<=0){fnShowError("错误:beta<=0");return false;}
if( mu<=0){fnShowError("错误:mu<=0");return false;}
if( t<=0){fnShowError("错误:t<=0");return false;}
//--
fnShowResult("");
//--
return true;
}
//-----------------------
function fnCalculate( ){
    //--
    if(! fnGetInputs( ) )return;
    //-----------------------
    var ED,PED,PDD,PRD,QRD,QED,ZD,SD;
    var EC,PEC,PRD,QEC,QEC,ZC,SC;
    //------
ED = ( ( 2 * lambda * ( 1-t)+1) * theta * ( 1-theta)-lambda * c * ( 1+theta) )
/( ( 4 * mu * lambda * theta/beta-beta) * ( 1-theta)-2 * lambda * theta * ( 1-t) *
beta);
    PED = ( 1-theta)/2+c/( 2 * ( 1-t) )+beta * ED/2;
    PDD = theta/( 2 * lambda)+c/2+beta * ED/( 2 * lambda);
    PRD = theta/( 2 * lambda)+PDD/2+beta * ED/( 2 * lambda);
    QRD = 1-( lambda * PRD-beta * ED)/theta;
```

```
QED = 1-( PED-beta * ED)/( 1-theta);

ZD = ( ( 1-t) * PED-c) * QED+( PRD-c) * QRD-mu * ED * ED/2;

SD = QRD * ( theta+beta * ED)/lambda+QED * ( 1-theta+beta * ED)-QRD *
PRD-QED * PED;

//--

EC = ( ( lambda * ( 1-t)+1) * theta * ( 1-theta)-lambda * c)
/( ( 2 * mu * lambda * theta/beta-beta) * ( 1-theta)-lambda * theta * beta * ( 1-t));

PEC = ( 1-theta)/2+c/( 2 * ( 1-t))+beta * EC/2;

PRC = theta/( 2 * lambda)+c/2+beta * EC/( 2 * lambda);

QRC = 1-( lambda * PRC-beta * EC)/theta;

QEC = 1-( PEC-beta * EC)/( 1-theta);

ZC = ( ( 1-t) * PEC-c) * ( 1-( PEC-beta * EC)/( 1-theta))
+( PRC-c) * ( 1-( lambda * PRC-beta * EC)/theta)-mu * EC * EC/2;

SC = QRC * ( theta+beta * EC)/lambda+QEC * ( 1-theta+beta * EC)-QRC *
PRC-QEC * PEC;

//------

ED = toFixed( ED);PED = toFixed( PED);

PDD = toFixed( PDD);PRD = toFixed( PRD);

QRD = toFixed( QRD);QED = toFixed( QED);

ZD = toFixed( ZD);SD = toFixed( SD);

//--

EC = toFixed( EC);PEC = toFixed( PEC);

PRC = toFixed( PRC);QRC = toFixed( QRC);

QEC = toFixed( QEC);

ZC = toFixed( ZC);SC = toFixed( SC);

//--

$ ( "#formulaED" ). val( ED);$ ( "#formulaPED" ). val( PED);

$ ( "#formulaPDD" ). val( PDD);$ ( "#formulaPRD" ). val( PRD);

$ ( "#formulaQRD" ). val( QRD);$ ( "#formulaQED" ). val( QED);
```

```
$ ("#formulaZD"). val( ZD ) ; $ ( "#formulaSD" ). val( SD ) ;

$ ( "#formulaEC" ). val( EC ) ; $ ( "#formulaPEC" ). val( PEC ) ;

$ ( "#formulaPRC" ). val( PRC ) ; $ ( "#formulaQRC" ). val( QRC ) ;

$ ( "#formulaQEC" ). val( QEC ) ;

$ ( "#formulaZC" ). val( ZC ) ; $ ( "#formulaSC" ). val( SC ) ;

//--

ZD = parseFloat( ZD ) ; ZC = parseFloat( ZC ) ;

SD = parseFloat( SD ) ; SC = parseFloat( SC ) ;

//--

var result = " " ;

//--

if( ZD>ZC ) {

    result+ = " ZD>ZC " ;

} else if( ZD = = ZC ) {

    result+ = " ZD = ZC " ;

} else if( ZD<ZC ) {

    result+ = " ZD<ZC " ;

} else {

    result+ = " Invalid ZD/ZC "

}

//--

result+ = " <br><br> " ;

//--

if( SD>SC ) {

    result+ = " SD>SC " ;

} else if( SD = = SC ) {

    result+ = " SD = SC " ;

} else if( SD<SC ) {

    result+ = " SD<SC " ;
```

```
    } else {

        result+ = " Invalid SD/SC"

    }

    //--

    fnShowResult( result) ;

}

//----------------------------------------------------
```

参考文献

［1］马亮．第七次全国人口普查结果出炉：中国人口呈现这四大趋势［EB/OL］．http：//finance．sina．com．cn/china/gncj/2021－05－11/doc－ikmxzfmm1859333．shtml．

［2］中国互联网络信息中心．第 49 次中国互联网络发展状况统计报告［R］．2022．

［3］Batarti R．，Jaber M．Y．，Aijazzar S．M．A profit maximization for a reverse logistics dual－channel supply chain with a return policy［J］．Computers & Industrial Engineering，2017（106）：58－82．

［4］Ailawadi K．L．Commentary：Omnichannel from a manufacturer's perspective［J］．Journal of Marketing，2020，85（1）：121－125．

［5］Rofin T．M．，Mahanty B．Impact of wholesale price discrimination by the manufacturer on the profit of supply chain members［J］．Management Decision，2022，60（2）：449－470．

［6］Huang Y．S．A．，Fang C．C．，Lin P．C．，et al．Bundling and pricing decision for bricks－and－clicks firms with consideration of network externality［J］．Journal of Industrial and Management Optimization，2021，17（5）：2527－2555．

［7］Cao E．Coordination of dual－channel supply chains under demand disruptions management decisions［J］．International Journal of Production Research，2014，52（23）：7114－7131．

［8］Xu X．Y．，Zhao R．，Xu L．The differentiated pricing strategy of hotel under dual-channel reservation forms [J]. Open Journal of Social Sciences, 2014, 2 (4): 352-368.

[9] Saha S., Sarmah S. P., Moon I. Dual channel closed-loop supply chain co-ordination with a reward-driven remanufacturing policy [J]. International Journal of Production Research, 2016, 54 (5): 1503-1517.

[10] Giri B. C., Chakraborty A., Maiti T. Pricing and return product collection decisions in a closed-loop supply chain with dual-channel in both forward and reverse logistics [J]. Journal of Manufacturing Systems, 2017 (42): 104-123.

[11] Saha S., Sarmah S. P., Modak N. M. Single versus dual-channel: A strategic analysis in perspective of retailer's profitability under three-level dual-channel supply chain [J]. Asia Pacific Management Review, 2018, 23 (2): 148-160.

[12] 曾德溪, 费威. 线下线上双渠道食品销售的相关决策分析 [J]. 经济与管理, 2020, 34 (3): 70-78.

[13] Lei Q., He J., Ma C., et al. The impact of consumer behavior on preannounced pricing for a dual-channel supply chain [J]. International Transactions in Operational Research, 2020, 27 (6): 2949-2975.

[14] 侯文华, 杨丹丹. 基于医保规制和消费者效用的双渠道医药供应链竞争策略 [J]. 运筹与管理, 2019, 28 (2): 8-15.

[15] 陈晓春, 张文松, 顾维军. 考虑促销行为和消费者偏好的医药供应链协调研究 [J]. 工业工程与管理, 2019, 24 (6): 24-33.

[16] 王道平, 沐嘉慧, 王婷婷. 考虑消费者渠道接受度和医保政策的药品双渠道定价策略 [J]. 工业工程与管理, 2021, 26 (6): 104-112.

[17] 荣俊美, 朱立龙. 政府管制下双渠道药品供应链质量控制策略 [J]. 系统工程, 2019, 37 (5): 99-108.

[18] Mehrabani R. P., Seifi A. The impact of customers' channel preference on pricing decisions in a dual channel supply chain with a dominant retailer [J]. Journal of Industrial and Production Engineering, 2021, 38 (8): 599-617.

[19] Yan B., Wang T., Liu Y. P., et al. Decision analysis of retailer-dominated dual-channel supply chain considering cost misreporting [J]. International Journal

of Production Economics, 2016 (178): 34-41.

[20] Rofin T. M., Mahanty B. Impact of wholesale price discrimination by the manufacturer on the profit of supply chain members [J]. Management Decision, 2022, 60 (2): 449-470.

[21] Yang X. R., Xu J. Pricing and service research in online dual-channel supply chain based on differentiated products [C]. International Conference on Management, Economics and Social Development (ICMESD), 2016: 154-159.

[22] 关月月, 黄哲. 考虑医保支付政策的药品零售双渠道定价策略研究 [J]. 中国药房, 2021, 32 (16): 1926-1932.

[23] Wang R. F., Li B., Li Z. H., et al. Selection policy for a manufacturer's online channel: Do it oneself or cooperate with retailers [J]. IMA Journal of Management Mathematics, 2018, 29 (4): 393-414.

[24] Batarfi R., Jaber M. Y., Zanoni S. Dual-channel supply chain: A strategy to maximize profit [J]. Applied Mathematical Modelling, 2016, 40 (21-22): 9454-9473.

[25] Batarti R., Jaber M. Y., Aijazzar S. M. A profit maximization for a reverse logistics dual-channel supply chain with a return policy [J]. Computers & Industrial Engineering, 2017 (106): 58-82.

[26] Yang L., Tang R. H. Comparisons of sales modes for a fresh product supply chain with freshness-keeping effort [J]. Transportation Research Part E-logistics and Transportation Review, 2019 (125): 425-448.

[27] Saha S., Sarmah S. P., Modak N. M. Single versus dual-channel: A strategic analysis in perspective of retailer's profitability under three-level dual-channel supply chain [J]. Asia Pacific Management Review, 2018, 23 (2): 148-160.

[28] Xu L., Wei J., Choi T. M., et al. Managing online channel and optimization in supply chain systems with different channel leaderships [J]. IEEE Transaction on System Man Cybernetics-systems, 2021, 51 (11): 7177-7190.

[29] Li M. Y., Pang G. Y., Feng M. Y. Study on pricing of dual-channel supply chain [C]. Proceedings of the 31st Chinese Control Conference, 2012: 7636-

7640.

［30］Li Y. B. , Lin C. P. , Wu T. J. , et al. The study on price and lead time decisions in retailer-dominated dual channel supply chain ［J］. Journal of Interdisciplinary Mathematics, 2017, 20 （3）: 805-819.

［31］Chen J. X. , Liang L. , Yao D. Q. , et al. Price and quality decisions in dual-channel supply chains ［J］. European Journal of Operational Research, 2017, 259 （3）: 935-948.

［32］Zhang Y. H. , Wang Y. Competition and coordination in a dual-channel supply chain with asymmetric retailers ［J］. International Journal of Enterprise Information Systems, 2018, 14 （2）: 98-115.

［33］Ranjan A. , Jha J. K. Pricing and coordination strategies of a dual-channel supply chain considering green quality and sales effort ［J］. Journal of Cleaner Production, 2019 （218）: 409-424.

［34］Li Z. H. , Yang W. S. , Liu X. H. , et al. Coordination strategies in dual-channel supply chain considering innovation investment and different game ability ［J］. Kybernetes, 2020, 49 （6）: 1581-1603.

［35］Zhang X. , Li Y. Y. , Liu Z. , et al. Coordination contracts of dual-channel supply chain considering advertising cooperation ［J］. International Journal of Information Systems and Supply Chain Management, 2021, 14 （1）: 55-89.

［36］杨丹丹, 侯文华. 考虑渠道竞争和医保政策的医药供应链双渠道定价策略 ［J］. 管理学报, 2019, 16 （6）: 933-938.

［37］赖雪梅, 聂佳佳. 零售商服务能力对 OTC 药品供应链双渠道策略的影响 ［J］. 工业工程与管理, 2021, 26 （5）: 131-139.

［38］李诗杨, 但斌, 周茂森, 等. 限价政策与公益性影响下药品双渠道供应链定价与协调策略 ［J］. 管理工程学报, 2019, 33 （2）: 196-204.

［39］王道平, 沐嘉慧, 王婷婷. 考虑异质性消费者和医保政策的药品双渠道供应链协调 ［J］. 系统工程, 2022, 40 （1）: 87-96.

［40］Wang L. M. , Song Q. K. Pricing policies for dual-channel supply chain with green investment and sales effort under uncertain demand ［J］. Mathematics and

Computers in Simulation, 2020（171）：79-93.

［41］Huang G. X., Ding Q., Dong C. W., et al. Joint optimization of pricing and inventory control for dual-channel problem under stochastic demand ［J］. Annals of Operations Research, 2021, 298（1-2）：307-337.

［42］Zhou J. H., Zhao R. J., Wang W. S. Pricing decision of a manufacturer in a dual-channel supply chain with asymmetric information ［J］. European Journal of Operational Research, 2019, 278（3）：809-820.

［43］禹爱民，刘丽文. 随机需求和联合促销下双渠道供应链的竞争与协调 ［J］. 管理工程学报, 2012, 26（1）：151-155.

［44］但斌，徐广业. 随机需求下双渠道供应链协调的收益共享契约 ［J］. 系统工程学报, 2013, 28（4）：514-521.

［45］Hu H., Wu Q., Han S., et al. Coordination of dual-channel supply chain with perfect product considering sales effort ［J］. Advances in Production Engineering & Management, 2020, 15（2）：192-203.

［46］Xin C., Chen X., Chen H. F., et al. Green product supply chain coordination under demand uncertainty ［J］. IEEE ACCESS, 2020（8）：25877-25891.

［47］Li B., Hou P. W., Chen P., et al. Pricing strategy and coordination in a dual channel supply chain with a risk-averse retailer ［J］. International Journal of Production Economics, 2016（178）：154-168.

［48］Ma J. H., Xie L. The comparison and complex analysis on dual-channel supply chain under different channel power structures and uncertain demand ［J］. Nonlinear Dynamics, 2016, 83（3）：1379-1393.

［49］Yan G. Z., Ni Y. D., Yang X. F. Pricing and recovery in a dual-channel closed-loop supply chain under uncertain environment ［J］. Soft Computing, 2021, 25（21）：13679-13694.

［50］Karthick B., Uthayakumar R. Optimization on dual-channel supply chain model with pricing decision and trapezoidal fuzzy demand under a controllable lead time ［J］. Complex & Intelligent Systems, 2022, 8（3）：2557-2591.

［51］Zhang P., Xiong Y., Xiong Z. K. Coordination of a dual-channel supply chain after demand or production cost disruptions [J]. International Journal of Production Research, 2015, 53 (10): 3141-3160.

[52] Yan B., Chen Z., Liu Y. P., et al. Pricing decision and coordination mechanism of dual-channel supply chain dominated by a risk-aversion retailer under demand disruption [J]. Rairo-operations Research, 2021, 55 (2): 433-456.

[53] Soleimani F., Khamseh A. A., Naderi B. Optimal decisions in a dual-channel supply chain under simultaneous demand and production cost disruptions [J]. Annals of Operations Research, 2016, 243 (1-2): 301-321.

[54] Huang S., Yang C., Liu H. Pricing and production decisions in a dual-channel supply chain when production costs are disrupted [J]. Economic Modelling, 2013 (30): 521-538.

[55] Rahmani K., Yavari M. Pricing policies for a dual-channel green supply chain under demand disruptions [J]. Computers & Industrial Engineering, 2019 (127): 493-510.

[56] Yan B., Jin Z. J., Liu Y. P., et al. Decision on risk-averse dual-channel supply chain under demand disruption [J]. Communications in Nonlinear Science Numerical Simulation, 2017 (55): 206-224.

[57] Li F., Chen Q. Optimal pricing for a dual-Channel supply chain considering two sale periods [C]. 2013 International Conference on Industrial Engineering and Management Science (ICIEMS 2013), 2013: 199-204.

[58] Javadi T., Alizadeh-Basban N., Asian S., et al. Pricing policies in a dual-channel supply chain considering flexible return and energy-saving regulations [J]. Computers & Industrial Engineering, 2019 (135): 655-674.

[59] Matsui K. When should a manufacturer set its direct price and wholesale price in dual-channel supply chains? [J]. European Journal of Operational Research, 2017, 258 (2): 501-511.

[60] Batarfi R., Jaber M. Y., Glock C. H. Pricing and inventory decisions in a dual-channel supply chain with learning and forgetting [J]. Computers & Industrial Engineering, 2019 (136): 397-420.

［61］Hammami R., Asgari E., Frein Y., et al. Time-and price-based product differentiation in hybrid distribution with stockout-based substitution ［J］. European Journal of Operational Research, 2022, 300（3）: 884-901.

［62］Liu B., Zhang R., Liu S., et al. Joint decisions for a dual-channel supply chain general discrete asymmetric information ［C］. IEEE International Conference on Computation Intelligence and Cybernetics, 2012: 74-78.

［63］Li M. M., Mizuno S. Dynamic pricing and inventory management of a dual-channel supply chain under different power structures ［J］. European Journal of Operational Research, 2022, 303（1）: 273-285.

［64］杜春晶. 网络营销下企业双渠道冲突及协调 ［J］. 商业经济研究, 2016（21）: 48-49.

［65］赵礼强, 徐家旺. 基于电子市场的供应链双渠道冲突与协调的契约设计 ［J］. 中国管理科学, 2014, 22（5）: 48-49.

［66］郭燕, 周梅华. 基于共赢理念的双渠道冲突管理研究 ［J］. 中国流通经济, 2012, 26（4）: 81-85.

［67］郭燕, 周梅华. 双渠道环境下制造企业渠道冲突管理研究 ［J］. 商业时代, 2011（34）: 31-32.

［68］张少兵. 零售企业双渠道冲突的表现与协调机制 ［J］. 商业经济研究, 2019（9）: 117-119.

［69］Li Q. H., Li B., Chen P., et al. Dual-channel supply chain decisions under asymmetric information with a risk-averse retailer ［J］. Annals of Operations Research, 2017, 257（1-2）: 423-447.

［70］Zhang J. X., Li S., Zhang S. C., et al. Manufacturer encroachment withe quality decision under asymmetric demand information ［J］. European Journal of Operation Research, 2019, 273（1）: 217-236.

［71］Wang J., Tian H. P., Liu C. X., et al. Pricing and return policies in a mixed retail and E-tail distribution channel ［C］. 2015 International Conference on Management Science & Engineering-Annual Conference Proceedings, 2015: 666-672.

［72］Xia Z. J., Liu Y., Zhang Q. A dual supply chain revenue sharing contract considering online reviews and rebate ［J］. Journal of Revenue and Pricing Management, 2022, 21 （3）: 321-331.

［73］赵礼强, 徐家旺. 基于电子市场的供应链双渠道冲突与协调的契约设计 ［J］. 中国管理科学, 2014, 22 （5）: 48-49.

［74］王志伟, 蒋传海, 冷帅. 渠道冲突和纵向约束协调 ［J］. 财经研究, 2015, 41 （10）: 122-131.

［75］Agatz N. , Fleischmann M. , Nunen J. E-fullfillment and multi-channel distribution-A review ［J］. European Journal of Operational Research, 2008, 187: 359-356.

［76］张伸, 孟庆春, 安国政. 电商平台扣点率影响下的双渠道供应链协调定价研究 ［J］. 中国管理科学, 2019, 27 （10）: 44-55.

［77］黄红伟, 陈振颂, 吴胜, 等. 两部定价契约下基于销售努力的双渠道供应链定价与协调 ［J］. 计算机集成制造系统, 2021, 28 （9）: 2998-3008.

［78］Fu Y. F. , Gu B. J. , Xie Y. Y. , et al. Channel structure and differential pricing strategies in dual-channel e-retail considering e-platform business models ［J］. IMA Journal of Management Mathematics, 2021, 32 （1）: 91-114.

［79］Li W. , Lin X. , Han J. P. The application of the optimal stopping theory in the E-commerce platform potential safety hazard identified decision-making ［C］. Recent Achievement on Merging Supply China and E-commerce in China, 2009: 75-79.

［80］Agrawal S. , Singh V. , Upadhyay Y. Structural model of information quality framework to e-agri supply chain ［J］. Journal of Advances in Management Research, 2021, 18 （4）: 609-634.

［81］Yu Y. G. , Sun L. B. , Guo X. L. Dual-channel decision in a shopping complex when considering consumer channel preference ［J］. Journal of the Operational Research Society, 2020, 71 （10）: 1638-1656.

［82］Wang R. F. , Zhou X. W. , Li B. Pricing strategy of dual-channel supply chain with a risk-averse retailer considering consumers' channel preferences ［J］. Annals of Operations Reserach, 2021, 309 （1）: 305-324.

［83］李莉, 刘欣, 颜艳. 考虑渠道偏好的双渠道供应链库存策略研究

[J]. 工业工程, 2013, 16 (3): 45-49.

[84] Meng Q. F., Li M. W., Liu W. Y., et al. Pricing policies of dual-channel green supply chain: Considering government subsidies and consumers' dual preferences [J]. Sustainable Production and Consumption, 2021 (26): 1021-1030.

[85] Taylor T. A. Supply chain coordination under channel rebates with sales effort effects [J]. Management Science, 2002, 48 (8): 992-1007.

[86] 徐最, 朱道立, 朱文贵. 销售努力水平影响需求情况下的供应链回购契约 [J]. 系统工程理论与实践, 2008 (4): 1-11.

[87] 胡东波, 黎清毅. 努力水平影响需求的供应链收入共享契约研究 [J]. 商业研究, 2011 (1): 63-68.

[88] 丛娇娇, 王红春. 基于销售努力影响的三级供应链协调研究 [J]. 价值工程, 2016, 35 (25): 93-95.

[89] 张超, 张鹏. 需求依赖销售努力情形下过度自信零售商的决策 [J]. 技术经济, 2016, 35 (5): 112-117.

[90] 舒彤, 曾佳茜, 陈收, 等. 考虑零售商销售努力的 CSR 闭环供应链定价决策 [J]. 管理评论, 2021, 33 (12): 303-315.

[91] 张冲, 刘影, 王海燕. 考虑双重努力因素的制造商和零售商投资机制设计 [J]. 中国管理科学, 2021, 29 (12): 125-134.

[92] 范贺花, 周永卫, 武大勇. 考虑随机需求和零售商销售努力的两级供应链的渠道选择 [J]. 统计与决策, 2019, 35 (10): 41-46.

[93] Wu X. Y., Fan Z. P., Cao B. B. Cost-sharing strategy for carbon emission reduction and sales effort: A Nash Game with government subsidy [J]. Journal of Industrial and Management Optimization, 2020, 16 (4): 1999-2027.

[94] 王永龙, 寒明, 方新, 等. 双边努力水平影响需求及回购的供应链协调策略 [J]. 计算机集成制造系统, 2018, 24 (10): 2622-2630.

[95] Ke H., Liu J. J. Dual-channel supply chain competition with channel preference and sales effort under uncertain environment [J]. Ambient Intelligence and Humanized Computing, 2017, 8 (5): 781-795.

[96] 但斌, 任连春, 张旭梅. 供应链环境下制造商产品质量改进决策模型

［J］. 工业工程，2010，13（2）：1-5+14.

［97］Huang F. Y., He J., Wang J. Coordination of vmi supply chain with a loss-averse manufacturer under quality-dependency and marketing-dependency ［J］. Journal of Industrial and Management Optimization, 2019, 15（4）：1753-1772.

［98］Fu X., Liu S. C., Han G. H. Supply chain partners'decisions with heterogeneous marketing efforts considering consumer's perception of quality ［J］. Rairo-operations Reserach, 2021, 55（5）：3227-3243.

［99］朱梦琳. 收益共享契约下考虑质量控制的双渠道供应链协调 ［J］. 交通运输工程与信息学报，2021，19（1）：81-92.

［100］De Giovanni P. Quality improvement vs advertising support which strategy works better for a manufacturer? ［J］. European Journal of Operational Research, 2011, 208（2）：119-130.

［101］Tsao Y. C., Linh V. T., Chen T. H. Duopoly market competition of pricing and service policies under a dual-sale channel ［J］. International Journal of Industrial Engineering-theory, 2022, 29（2）：267-282.

［102］Liu B. S., Ma S. H., Guan X., et al. Timing of sales commitment in a supply chain with manufacturer-quality and retailer-effort induced demand ［J］. International Journal of Production Economics, 2018（195）：249-258.

［103］Zhu L. L., You J. X. Moral hazard strategy and quality contract design in a two-echelon supply chain ［J］. Journal of Systems Science and Systems Engineering, 2011, 20（1）：70-86.

［104］Chen J. X., Liang L., Yang F. Cooperative quality investment in outsourcing ［J］. International Journal of Production Economics, 2015（162）：174-191.

［105］Cui Q. Q. Quality investment, and the contract manufacturer's encroachment ［J］. European Journal of Operational Research, 2019, 279（2）：407-418.

［106］Yu J. H., Ma S. H. Impact of decision sequence of pricing and quality investment in decentralized assembly system ［J］. Journal of Manufacturing Systems, 2013, 32（4）：664-679.

［107］马鹏，曹杰.公平偏好行为下制造商质量投资策略及供应链绩效研究
［J］.管理学报，2016，13（6）：922-928.

［108］Hu H.，Wu Q.，Zhang Z.，et al. Effect of the manufacturer quality inspection policy on the supply chain decision-making and profits［J］. Advances in Production Engineering & Management，2020，14（4）：472-482.

［109］王志斌.用药理实验为标尺进行测量，开拓创新，努力提高药品质量
［J］.中国药理学与毒理学杂志，2015，29（5）：735-736.

［110］Ma P.，Gong Y. M.，Jin M. Z. Quality efforts in medical supply chains considering patient benefits［J］. European Journal of Operational Research，2019，279（3）：795-807.

［111］Shi M.，Wang J.，Zhang L.，et al. Effects of integrated case payment on medical expenditure and readmission of inpatients with chronic obstructive pulmonary disease：A nonrandomized，comparative study in Xi County China［J］. Current Medical Science，2018，38（3）：558-566.

［112］Ye Q.，Ji C. H. Research on American medical insurance with government participation［C］. Proceedings of 2019 China International Conference on Insurance and Risk Management（CICIRM），2019：675-684.

［113］张萍.关于医疗保险制度改革的若干思考［J］.学习论坛，2019（12）：81-85.

［114］潘世富，王海燕，林徐勋.医保支付方式对慢性疾病患者和医院预防努力的影响［J］.东南大学学报（自然科学版），2020，50（4）：789-796.

［115］张笑雨.医保在线支付破冰［J］.中国药店，2021（9）：34-35.

［116］邓勇，周仪昭."互联网+"医保服务中的规制缺陷和综合治理
［J］.中国医院院长，2021，17（7）：66-69.

［117］史莉莉."互联网+医保"的挑战与对策研究［J］.信息技术与信息化，2020（2）：174-176.

［118］史莉莉."互联网+医保"：机遇与挑战并存［J］.中国社会保障，2020（5）：82-83.

［119］钟园园.互联网+医保支付，促"三医联动"挺进3.0时代［J］.中

国药店，2020（12）：30-32.

［120］付超，王晓广. 以安全为核心的互联网医院医保支付实践探索［J］. 计算机时代，2021（1）：114-116.

［121］Dash G.，Kiefer K.，Paul J. Marketing-to-millennials：Marketing 4.0，customer satisfaction and purchase intention［J］. Journal of Business Research，2021（122）：608-620.

［122］赵树宽，张铂晨，蔡佳铭. 绿色创新对企业绩效的影响：基于中国上市公司面板数据［J］. 科技管理研究，2022，42（6）：211-220.

［123］张正，孟庆春. 技术创新、网络效应对供应链价值创造影响研究［J］. 软科学，2017，31（12）：10-15.

［124］Lee D. The role of R&D and input trade in productivity growth：Innovation and technology spillovers［J］. Journal of Technology Transfer，2020，45（3）：908-928.

［125］Genc T. S.，De Giovanni P. Closed-loop supply chain games with innovation-led lean programs and sustainability［J］. International Journal of Production Economics，2020（219）：440-456.

［126］Feng W.，Li J. J. International technology spillovers and innovation quality：Evidence from China［J］. Economic Analysis and Policy，2021（72）：289-308.

［127］Wang Y.，Zhang F. Q.，Zheng M. B. Innovation's spillover effect in China：Incorporating the role of environmental regulation［J］. Environment Modeling & Assessment，2021，26（5）：695-708.

［128］Yano G.，Shiraishi M. Innovation spillovers between domestic firms in China［J］. Emerging Markets Finance and Trade，2021，58（4）：1042-1060.

［129］王能民，邹宇璇. 基于供应链合作的技术创新投入激励机制研究［J］. 工程管理科技前沿，2022，41（2）：8-16.

［130］Nie P. Y.，Wang C.，Chen Y. H. Effects of switching costs on innovative investment［J］. Technological and Economic Development of Economy，2018，24（3）：933-949.

［131］Li Z. H.，Yang W. S.，Liu X. H.，et al. Coordination strategies in dual-channel supply chain considering innovation investment and different game ability ［J］. Kybernetes, 2020, 49（6）：1581-1603.

［132］孙健慧, 张海波. 绿色供应链协同创新合作策略研究［J］. 工业工程, 2020, 23（4）：53-60, 92.

［133］Heckmann I., Comes T., Nickel S. A critical review on supply chain risk-definition, measure and modeling［J］. Omega, 2015（52）：119-132.

［134］张千帆, 方超龙, 胡丹丹. 基于博弈论的供应链中技术创新激励机制研究［J］. 商业研究, 2007（9）：41-44.

［135］权锡鉴, 朱雪. 政府补助、资本结构与企业技术创新效率——基于利益相关者理论的实证研究［J］. 商业研究, 2022（2）：96-103.

［136］Zhang F., Zhu J. D., Liu G. X. R&D Strategy of general-purpose technologies under the multi-agent participating mode based on dynamic games［J］. Transformations in Business & Economics, 2022, 21（1）：53-82.

［137］杨悦, 吴亦凡, 李壮琪. 加强政策协同促进中国创新型药企国际化发展［J］. 医学与哲学, 2022, 43（2）：7-11.

［138］陈晓春, 张文松. 社会责任影响下研发创新与医药供应链协调决策［J］. 系统管理学报, 2021, 30（1）：159-169.

［139］张帆, 杨穆瑶, 张志娟, 等. 中国医药创新面临的挑战及其应对［J］. 医学与哲学, 2022, 43（2）：1-6.

［140］Barzinpour F., Taki P. A dual-channel network design model in a green supply chain considering pricing and transportation mode choice［J］. Journal of Intelligent Manufacturing, 2018, 29（7）：1465-1483.

［141］Achrol R. S., Stern L. W. Environmental determinants of decision-making uncertainty in marketing channels［J］. Journal of Marketing Research, 1988, 25（1）：36-50.

［142］Zhao N. G., Wang Q., Wu J. Price decisions with asymmetric reference effect and information sharing in dual-channel supply chains［J］. Rairo-operations Research, 2022, 56（1）：445-473.

［143］Akman I., Rehan M. Online purchase behaviour among professionals：A socio-demographic perspective for Turkey [J]. Economics Research-Ekonomska Istrazivanja, 2014, 27 (1): 689-699.

[144] Yuan X. Y. , Bi G. B. , Li H. P. , et al. Stackelberg equilibrium strategies and coordination of a low-carbon supply chain with a risk-averse retailer [J]. International Transactions in Operational Research, 2022, 29 (6): 3681-3711.

[145] Cai J. H. , Sun H. N. , Hu X. Q. , et al. Demand information sharing in a two-echelon supply chain with a risk-averse retailer: Retail price decision versus retail quantity decision [J]. International Transactions in Operational Research, 2022, 29 (6): 3657-3680.

[146] Li. T. , Xu X. , Zhao K. , et al. Low-carbon strategies in dual-channel supply chain under risk aversion [J]. Mathematical Bioscience and Engineering, 2022, 19 (5): 4765-4793.

[147] Kang K. , Gao S. Y. , Gao T. , et al. Pricing and financing strategies for a green supply chain with a risk-averse supplier [J]. IEEE ACESS, 2021 (9): 9250-9261.

[148] Kang K. , Lu T. T. , Zhang J. Financing strategy selection and coordination considering risk aversion in a capital-constrained supply chain [J]. Journal of Industrial and Management Optimazation, 2022, 18 (3): 1737-1768.

[149] Bai Q. G. , Meng F. W. Impact risk aversion on two-echelon supply chain systems with carbon emission reduction consiraints [J]. Journal of Industrial and Management Optimization, 2020, 16 (4): 1943-1965.

[150] 陈晓春, 张文松, 顾维军. 考虑技术研发和物流配送的医药供应链组合契约协调模型研究 [J]. 中国管理科学, 2020, 28 (3): 80-92.

[151] 李寅龙. 不确定条件下的供应链协调机制研究 [M]. 北京: 经济管理出版社, 2016.

[152] Xu A. , Hu X. P. , Gao S. F. Review of supply chain coordination with contracts [C]. Tenth Wuhan International Conference on E-business, 2011: 1219-1225.

[153] 杨德礼, 郭琼, 何勇, 等. 供应链契约研究进展 [J]. 管理学报,

2006, 3 (1): 117-125.

[154] Zhao S. , T. Wu K. , Yuan X. M. , et al. A scor-based analytical coordination model for an intergated supply chain in a pharmaceutical company [J]. Integrated Journal of Industrial Engineeering-theory Applications and Practice, 2019, 26 (4): 525-554.

[155] Jambulingam T. , Kathuria R. Antecedents to buyer-supplier coordination in the pharmaceutical supply chain [J]. International Journal of Pharmaceutical and Healthcare Marketing, 2020, 14 (2): 289-303.

[156] Tat R. , Heydari J. Rabbani M. A mathematical model for pharmaceutical supply chain coordination: Reselling medicines in an alternative market [J]. Journal of Cleaner Production, 2020 (9): 1-14.

[157] Hosseini-Motlagh S. M. , Jazinaninejad M. , Nami N. Coordinating a socially concerned reverse supply chain for pharmaceutical waste management considering government role [J]. Environment Development and Sustainability, 2021, 24 (2): 1852-1877.

[158] Johari M. , Hosseini-Motlagh S. M. Coordination contract for a competitive pharmaceutical supply chain considering corporate social responsibility and pricing decisions [J]. Rairo-Operations Research, 2020, 54 (5): 1515-1535.

[159] Johari M. , Hosseini - Motlagh S. M. , Nematollahi M. , et al. Socially concerned periodic review replenishment system with customer service level and supply chain contracting [J]. Rairo-Operations Research, 2021, 55 (2): 1077-1111.

[160] Chen X. , Li S. S. , Wang X. J. Evaluating the effects of quality regulations on the pharmaceutical supply chain [J]. International Journal of Production Economics, 2020 (230): 107770. DOI: 10. 1016/j. ijpe.

[161] Meng J. , Guo C. X. Protection & coordination of pharmaceutical safety responsibility based on TPL [J]. Advanced Materials Research, 2012 (2): 2635-2638.

[162] Hosseini-Motlagh S. M. , Nematollahi M. , Nami N. Drug recall management and channel coordination under stochastic product defect severity: A game-theoretic analytical study [J]. International Journal of Production Reserach, 2021, 59

（6）：1649-1675.

[163] Weraikat D., Zanjani M. K., Lehoux N. Two-echelon pharmaceutical reverse supply chain coordination with customers incentives [J]. International Journal of Production Economics, 2016 (176)：41-52.

[164] Taleizadeh A. A.. Haji-Sami E., Noori-daryan M. A robust optimization model for coordinating pharmaceutical reverse supply chains under return strategies [J]. Annals of Operations Research, 2020, 291 (1-2)：875-896.

[165] Paich M., Peck C., Valant J. Pharmaceutical market dynamics and strategic planning：A system dynamics perspective [J]. System Dynamics Review, 2011, 27 (1)：47-63.

[166] Lan Y. F., Lu P. P., Pan C., et al. The effects of medical insurance and patients' preference on manufacturer encroachment in a pharmaceutical supply chain [J]. Journal of Management Science and Engineering, 2022, 7 (2)：243-265.

[167] Hou Y. H., Wang F., Chen Z. T., et al. Coordination of a dual-channel pharmaceutical supply chain based on the susceptible-infected-susceptible epidemic model [J]. International Journal of Environmental Research and Public Health, 2020, 17 (9)：3292.

[168] Chen Z., Gao W., Wang Y. Exploration of influence of payment mode reform of medical insurance on hospital pharmacy [J]. Pharmaceutical Care and Research, 2012, 12 (2)：94-96.

[169] 李诗杨，但斌，李红霞. 公益性和自我药疗影响下的药品供应链定价与双渠道策略 [J]. 管理学报，2017, 14 (8)：1227-1235.

[170] 但斌，李诗杨，周茂森，等. 考虑限价政策和公益性的药品供应链定价与渠道策略分析 [J]. 中国管理科学，2017, 25 (12)：27-38.

[171] 王红春，陈杨，刘帅. 社交电商供应链定价策略研究——基于平台销售努力的分析 [J]. 价格理论与实践，2021 (3)：122-125.

[172] 张维迎. 博弈论与信息经济学 [M]. 上海：格致出版社，上海三联书店，上海人民出版社，2012.

[173] Chen C. H. Applying game theory in Newsvendor's supply chain model

［J］. Journal of Information & Optimization Sciences, 2021, 42 (6): 1367-1382.

［174］Xu L., Wang C. X., Zhao J. J. Decision and coordination in the dual-channel supply chain considering cap-and-trade regulation ［J］. Journal of Cleaner Production, 2018 (197): 551-561.

［175］Mahmoodi A. Stackelberg-equilibrium of pricing and inventory decisions in a supply chain ［C］. 15th Iran International Industrial Engineering Conference (II-IEC), 2019: 14-17.

［176］Lu Z., Huan X. Y., Guo S. Z. The study on stackelberg game of supply chain coordination with uncertain delivery ［C］. 2006 International Conference on Service Systems and Service Management, 2006, 1&2: 1460-1465.

［177］Wei J. M. Analysis on the buyback contract gamemodel based on predominated by the supplier ［C］. The 28th Chinese Control and Decision Conference (CCDC), 2016: 4582-4587.

［178］Sang S. J. Bargaining in a two echelon supply chain with price and retail service dependent demand ［J］. Engineering Letters, 2018, 26 (1): 181-186.

［179］Wang X. J., Chen S., Zhan M. Z., et al. A research on supply chain of sea-rail intermodal transport service industry based on stackelberg model ［J］. Journal of Distribution and Management Research, 2018, 21 (6): 139-145.

［180］范林根. 基于契约合作的供应链协调机制 ［M］. 上海: 上海财经大学出版社, 2007: 7.

［181］阿维纳什·K. 迪克西特. 经济理论中的最优化方法 ［M］. 上海: 格致出版社, 上海三联书店, 上海人民出版社, 2014.

［182］Xu X. P., He P., Xu H., et al. Supply chain coordination with green technology under cap-and-trade regulation ［J］. International Journal of Production Economics, 2017 (183): 433-442.

［183］He P., He Y., Xu H. Channel structure and pricing in a dual-channel closed-loop supply chain with government subsidy ［J］. International Journal of Production Economics, 2019 (213): 108-123.

［184］Madani S. R., Rasti-Barzoki M. Sustainable supply chain management with pricing, greening and governmental tariffs determining strategies: A game-theoretic approach [J]. Computers & Industrial Engineering, 2017 (105): 287-298.

[185] Xie J. P., Liang L., Liu L. H., et al. Coordination contracts of dual-channel with cooperation advertising in closed-loop supply chains [J]. International Journal of Production Economics, 2017 (183): 528-538.

[186] 哈罗德·孔茨, 海因茨·韦里克. 管理学 (精要版第9版) [M]. 马春光译. 北京: 中国人民大学出版社, 2014.

[187] 罗杰·布莱克威尔. 重构新千年零售业供应链 [M]. 季建华, 任建立, 赵平译. 上海: 上海远东出版社, 2000.

[188] Nagurney A., Li D. A supply chain network game theory model with product differentiation, outsourcing of production and distribution, and quality and price competition [J]. Annals of Operations Research, 2016, 226 (3): 479-503.

[189] Essabbara D., Zolghadrib M., Zrikemc M. A framework to model power imbalance in supply chains: Situational analysis [J]. Asia Pacific Management Review, 2020, 25 (3): 156-165.

[190] Aryanezhad M. B., Naini S. G. J., Jabbarzadeh A. An integrated model for designing supply chain network under demand and supply uncertainty [J]. African Journal of Business Management, 2012, 6 (7): 2678-2696.

[191] 周良, 徐国华. 供应链协调机制的研究 [J]. 西安电子科技大学学报 (社会科学版), 2004 (1): 68-73.

[192] 张京敏. 论提高供应链协调性的途径 [J]. 北京工商大学学报 (社会科学版), 2005 (2): 84-88.

[193] Hu Q. W. Bullwhip effect in a supply chain model with multiple delivery delays [J]. Operations Research Letters, 2019, 47 (1): 36-40.

[194] Michna Z., Disney S. M., Nielsen P. The impact of stochastic lead times on the bullwhip effect under correlated demand and moving average forecasts [J]. Omega, 2020 (93): 102033.

[195] Mudjahidin, Junaedi L., Aristio A. P., et al. Influence of inventory changes to bullwhip effect on private industrial network [J]. Procedia Computer Sci-

ence, 2019（161）：959-967.

［196］Gruchmann T. , Neukirchen T. Horizontal bullwhip effect - empirical insights into the system dynamics of automotive supply networks［J］. IFAC-Papers On-Line, 2019, 52（13）：1266-1271.

［197］佘鲁林, 温再兴. 药品流通蓝皮书：中国药品流通行业发展报告［M］. 北京：社会科学文献出版社, 2016：8.

［198］邓金栋, 温再兴. 药品流通蓝皮书：中国药品流通行业发展报告［M］. 北京：社会科学文献出版社, 2017：7.

［199］邓金栋, 温再兴. 药品流通蓝皮书：中国药品流通行业发展报告［M］. 北京：社会科学文献出版社, 2018：8.

［200］Askarian-Amiri F. , Paydar M. M. , Safaei A. S. Designing a dual-channel supply chain network considering dependent demand and discount［J］. Rairo-Operations Research, 2021（55）：2325-2347.

［201］Yu L. X. , Woodcock J. FDA pharmaceutical quality oversight［J］. International Journal of Pharmaceutics, 2015, 491（1~2）：2-7.

［202］Toroitich A. M. , Dunford L. , Armitage R. , et al. Patients access to medicines-a critical review of the healthcare systme in Kenya［J］. Risk Management and Healthcare Policy, 2022（15）：361-374.

［203］Sizova Z. M. Pharmacotherapeutic approaches targeting stable angina：Simple solution to complex problems［J］. Medical Council, 2021（4）：34-40.

［204］Flavin B. M. , Happe L. E. , Hatton R. C. Meeting report：An exploration into the scientific and regulatory aspects of pharmaceutical drug quality in the United States［J］. Expert Opinion on Drug Safety, 2022, 21（2）：167-170.

［205］Pal B. , Cardenas-Barron L. E. , Chaudhuri K. S. Price, delivery time, and retail service sensitive dual-channel supply chain［J］. Science Iranica, 2021, 28（3）：1765-1779.

［206］Cachon G. P. , Lariviere M. A. Supply chain coordination with revenue-sharing contracts：Strengths and limitations［J］. Management Science, 2005, 51（1）：30-44.

［207］邓金栋，温再兴．药品流通蓝皮书：中国药品流通行业发展报告［M］．北京：社会科学文献出版社，2020．

［208］殷媛，赫玉芳．我国网上药店医保支付"破冰"探讨［J］．中国卫生经济，2020，39（10）：29-31．

［209］周玉涛．医保统筹进药店，势必会经历一个载艰负难的开局［EB/OL］．https：//www.iyiou.com/p/68634.html，2018-03-24．

［210］中商情报网．2022年中国创新药及仿制药市场规模预测：创新药需求逐步增加［EB/OL］．https：//www.askci.com/news/chanye/20220421/154325183 1865.shtml.

［211］邓金栋，温再兴．药品流通蓝皮书：中国药品流通行业发展报告［M］．北京：社会科学文献出版社，2019．

［212］邓金栋，温再兴．药品流通蓝皮书：中国药品流通行业发展报告［M］．北京：社会科学文献出版社，2021．

［213］Huang Z., Lan Y. P., Zha X. Q. Research on government subsidy strategies for new drug R&D considering spillover effects［J］. Plos One, 2022, 17（2）：e0262655. DOI：10.1371/journal.pone.

［214］Wu W. S., Zhao K. Government R&D subsidies and enterprise R&D activities：Theory and evidence［J］. Economic Research-Ekonomska Istrazivanja, 2021, 35（1）：391-408.

［215］Nandy M. Impact of R&D activities on the financial performance：Empirical evidence from Indian pharmaceutical companies［J］. International Journal of Pharmaceutical and Healthcare Marketing, 2022, 16（2）：182-203.

［216］曹裕，李业梅，万光羽．基于消费者效用的生鲜农产品供应链生鲜度激励机制研究［J］．中国管理科学，2018，26（2）：160-174．

［217］张学龙，王军进．制造商主导型双渠道供应链协调决策模型［J］．控制与决策，2016，31（8）：1519-1525．